# 跟着徐霞客去旅行 ① 打卡华夏名山

梅芬芬 王焱 ◎ 编著

航空工业出版社
北京

# 前序

## 一个"侠客"的万里游记

"世界那么大,我想去看看!"四百多年前就有这么一个青年,在父亲去世后,对着"勤勉达观"的母亲发出了灵魂的呐喊!他这么一"出走",就是三十余年。

他,就是徐霞客,明代地理学家、文学家、旅行家,中国历史上著名的"驴友""背包客""旅游博主""登山达人"!

就是这样一个有着诸多现代网红头衔的人,怀揣着少年时的梦想——"大丈夫当朝碧海暮苍梧",寻山访水,游遍天下。他以亲身经历告诉我们,好男儿志在四方,当勇敢地去追逐自己的梦想!

说到徐霞客,就不得不提他那位平凡而伟大的母亲。徐母心胸豁达,通情达理,积极鼓励徐霞客放心远游。她还一针一线地为徐霞客缝制了一顶远游冠。这也为徐霞客日后的旅行提供了强大后盾与精神支柱。"弘祖之奇,孺人成之",说的就是徐霞客的成就离不开徐母的支持,可以说,没有徐母的支持,就没有徐霞客的伟大成就和《徐霞客游记》的问世。

徐霞客,原名弘祖,字振之,别号霞客;出身于江苏省江阴一个书香门第;自幼好学,饱读诗书,对图经地志

尤为钟情。二十一岁那年,他告别年迈的母亲,正式出游,自此一发不可收,直至去世的前一年,仍然在旅行的路上,那时他已经双足俱废,需要人抬着前行。这种执着探索的精神,实在可敬。

古代没有汽车、飞机等现代交通工具,徐霞客大多数情况下只能徒步跋涉。他风餐露宿,不畏艰辛,在恶劣的环境中,忍受着常人无法忍受的病痛与饥饿,足迹遍布了大半个中国。

徐霞客是名副其实的"侠客"。他的一生,是行走与探索的一生;他的精神,值得每一个通往成功路上的人去学习。

徐霞客的游历,并不是单纯为了寻奇访胜,而是为了探索大自然的奥秘。他以不懈的行走和深邃的洞察力,为我们留下了不朽的传世巨作——《徐霞客游记》。这部巨作不仅是中国地理学的宝贵遗产,更是世界文化宝库中的璀璨明珠。

《徐霞客游记》被后人誉为"世间真文字、大文字、奇文字",既是描绘华夏风景资源的旅游巨篇,又是文字优美的文学佳作,在国内外具有深远的影响。英国剑桥大学教授李约瑟就说过,《徐霞客游记》读来并不像十七世纪的学者所写的东西,倒像是一位二十一世纪的野外勘查家所写的考察记录。

这么一部优秀的巨作,这么一个有着侠客精神的人,难道不值得我们每一个人去阅读和学习吗?

# 目 录

## 第1站 中国第一诗山——天台山

不惧猛虎游天台山 / 3
发现天然石桥 / 4
《徐霞客游记》精彩片段 / 6
徐霞客足下的天台山 / 7
台州"寻宝记" / 8

## 第2站 东南第一山——雁荡山

雁荡遇老僧岩 / 13
寻找雁湖 / 14
《徐霞客游记》精彩片段 / 16
徐霞客足下的雁荡山 / 17
温州"寻宝记" / 18

## 第3站 江南第一名山——白岳山

冒雪游白岳 / 23
携道觅胜景 / 24
《徐霞客游记》精彩片段 / 26
徐霞客足下的白岳山 / 27
安徽"寻宝记" / 28

## 第4站 天下第一奇山——黄山

黄山泡温泉 / 33
登黄山险中送粮 / 34
《徐霞客游记》精彩片段 / 36
徐霞客足下的黄山 / 37
黄山"寻宝记" / 38

## 第5站 福建第一名山——武夷山

舟入武夷九曲溪 / 43
武夷山见悬棺 / 44
《徐霞客游记》精彩片段 / 46
徐霞客足下的武夷山 / 47
武夷山"寻宝记" / 48

## 第6站 匡庐奇秀甲天下——庐山

不走寻常路 / 53
勇登汉阳峰 / 54
《徐霞客游记》精彩片段 / 56
徐霞客足下的庐山 / 57
九江"寻宝记" / 58

## 第7站 鲤湖飞瀑天下奇——九鲤湖

发现瀑布群 / 63
研究水下凹坑 / 64
《徐霞客游记》精彩片段 / 66
徐霞客足下的九鲤湖 / 67
莆田"寻宝记" / 68

## 第8站 父亲山——嵩山

初见嵩山 / 73
登上嵩山之巅 / 74
《徐霞客游记》精彩片段 / 76
徐霞客足下的嵩山 / 77
登封"寻宝记" / 78

## 第9站 奇险天下第一山——华山

华山顶见棋盘 / 83
独辟蹊径游华山 / 84
《徐霞客游记》精彩片段 / 86
徐霞客足下的华山 / 87
华阴"寻宝记" / 88

第 1 站

之旅

# 中国第一诗山——
# 天台山

坐　标：浙江省台州市天台县

走　向：东北一西南

主　峰：华顶山

海　拔：1095.4米

气　候：亚热带季风气候

级　别：国家重点风景名胜区，"浙江省十大旅游胜地"之一，国家AAAAA级旅游景区，入选首批"浙江文化印记"名单

天台山，拥有"中国第一诗山"的美誉，屹立于华夏大地，散发着无尽魅力。它坐落于浙江中东部，层峦叠嶂，云蒸霞蔚，仿若仙境。

这里山水相依，灵秀非凡。华顶山巅，可观云海日出，壮阔之景震撼人心；石梁飞瀑，如银河倒悬，气势磅礴，水流奔涌，声震山谷。天台山佛宗道源底蕴深厚，国清寺香烟袅袅，梵音阵阵，沉淀千年智慧。

古往今来，无数文人墨客慕名而来，李白、杜甫等在此留下诸多诗篇。漫步其间，仿若能与古人对话，沉醉于诗画交融的意境，感受自然与人文交织的独特韵味。

## 不惧猛虎游天台山

徐霞客一生总共游过三次天台山,第一次是在明万历四十一年(1613)三月三十日出发的,当时他还是个旅游小白,因对名山大川的向往,一心想出去看看。初出茅庐也不敢走得太远,只好到附近最有名的天台山去逛逛,定好了目标,他择了个吉日就出发了。

三月三十日那天,徐霞客带上水和干粮,就迈开脚步上路了。他从今浙江省宁海县的西门出发,一路兴高采烈地往天台山大步走去,因为太高兴,脚步无比轻盈,一口气走到了梁隍山,遭遇了武松曾经遇到过的难题。

梁隍山在天台山以东,徐霞客走到这里,看到附近的一棵大树上张贴着官府的告示,上面写着山间常有猛虎出没,短短一个月,已伤了几十条人命,让过路行人天黑的时候千万不要独自赶路,要在正午时分结伴上山。

跟着**徐霞客**去旅行

徐霞客看到这张告示的时候，心里吓了一跳。他并没有武松那样高强的武艺，能三拳两脚打死猛虎，为了保险起见，只好找了个客店住下，等到第二天再赶路。

徐霞客美美地睡了一觉，第二天一早醒来后，他便打算继续赶路。强烈的探索精神使他就算是知道山上有猛虎出没，也不能停止前进的脚步。

越往山上走，风景变得越荒凉。路边的杂草灌木都被烧光，听人说是为了防猛兽在里面埋伏伤人。

徐霞客知道山里猛兽多，有几头老虎出没并不奇怪，出于对天台山的强烈向往，他把山里有猛虎出没的事情抛之脑后，一头扎进了令他魂牵梦绕的天台山。

## 发现天然石桥

天台山真大啊！徐霞客在心底由衷地感叹着。

天台山真美啊！山峦叠翠，林间草木飘香。

徐霞客完全沉浸其间，兴高采烈地四处游走探险。可是，天台山实在是太大了，徐霞客走了八九天，几乎走遍了整座山。山上有一座名叫国清寺的寺庙，徐霞客还特意去拜访了里面的和尚。

徐霞客一路走一路欣赏美景，发现很多绝美的自然风光，他探悬崖、爬绝壁，考察了一些瀑布、洞穴，发现了很多危险但有趣的好地方。

山上的和尚还告诉他，这山上有很多绝妙的好风光。在他的指引下，徐霞客找到了一些险要的石门，经过曲折的河流，还有幽静的水潭，爬上了天台山那高耸入云的主峰——华顶峰。逛了这么大一圈，徐

## 中国第一诗山——天台山

霞客应该满足了吧,不,天生胆子大爱冒险的徐霞客,还爬上了一座神秘的天然石桥。

这座天然石桥,是一块巨大的花岗岩巨石,横跨在金溪河上,连接着两边的峡谷。桥的底下还有一道瀑布,景色看着十分壮观。

徐霞客看着这个天然石桥,心痒难耐,可是,桥面只有一尺宽,下面是深不见底的悬崖,桥上长满了青苔,非常湿滑,两边也没有栏杆,普通人看着也许就会脊背发凉。

徐霞客却突发奇想,想爬到桥上看一看。他屏息凝神,跨出了第一步,眼睛直视前方,不敢往下看。很快,他就又跨出了第二步,徐霞客壮着胆子,竟一口气走到桥的尽头,然后,又回过头返回了桥对岸。

徐霞客凭借出众的胆魄,成功挑战了这座天然石桥。后来,他重游天台山的时候,发现这样的天然石桥,在天台山不止一处,同样非常壮观。

# 《徐霞客游记》精彩片段

二十里，过上方广，至石梁，礼佛昙花亭，不暇细观飞瀑。下至下方广，仰视石梁飞瀑，忽在天际。闻断桥、珠帘尤胜，僧言饭后行犹及往返，遂由仙筏桥向山后。越一岭，沿涧八九里，水瀑从石门泻下，旋转三曲。上层为断桥，两石斜合，水碎迸石间，汇转入潭；中层两石对峙如门，水为门束，势甚怒；下层潭口颇阔，泻处如阈①，水从坳中斜下。三级俱高数丈，各极神奇，但循级而下，宛转处为曲所遮，不能一望尽收。又里许，为珠帘水，水倾下处甚平阔，其势散缓，滔滔汩汩。余赤足跳草莽中，揉木缘崖，莲舟不能从。暝②色四下，始返。停足仙筏桥，观石梁卧虹，飞瀑喷雪，几不欲卧。

### 注释

①阈（yù）：门槛。②暝（míng）色：夜色。

### 译文

走完二十里路，经过上方广，到达石梁，在昙花亭敬佛，已无暇去仔细观赏石梁飞瀑的奇景。往下走到下方广，仰视石梁飞瀑，忽然觉得它似乎从天际倾泻下来一样。听说断桥、珠帘水尤其是著名胜景，僧人说吃过饭再去还来得及往返，于是由仙筏桥先去山后。翻过一座山岭，顺着溪涧走八九里，就见流水形成瀑布从石门飞泻而下，回旋流转，经过三道溪湾。最上面的层次是断桥，有两块巨石倾斜而相结联，溪水迸流两石之间，浪花飞溅，汇合后流转入潭；中间的层次，两巨石相对峙有如窄门，溪水为窄门所约束，流势很汹涌；最下面的层次是潭的出口，很宽阔，而溪水倾泻处犹如受到门槛阻隔，只能从低洼的地方斜涌而下。三道瀑布每道都高达数丈，各级的景观都很神奇，但溪流顺台级而下流，弯转的地方被溪湾遮掩，不能一览无余。又行一里多路，就是珠帘水，溪水倾泻而下的地方很平坦宽阔，水的流势因此缓和、散漫，汩汩流水弥漫潭内。我光着脚跳进草莽之中，攀缘树木，沿着山崖前行，弄得莲舟上人不能跟随。夜色四处降下时，我才返回。在仙筏桥上停下脚步，在朦胧的夜色中观赏如彩虹的天然石桥，瀑布水花飞溅，犹如喷雪一样，使人几乎不想去睡。

## 徐霞客足下的天台山

天台山脉,约东北—西南走向,地处宁波、绍兴、台州三市的交界地带,西南连仙霞岭,东北遥接舟山群岛,多悬岩、峭壁、瀑布。天台山的主峰华顶山位于天台县东北,海拔1095.4米,由花岗岩构成。

天台山山水秀丽,自然景观得天独厚,古树奇石甚多。在国清寺内有隋朝种植的梅花、唐朝种植的樟树。在华顶峰半山,有一株千年的云锦杜鹃,被称为杜鹃之王。

天台山野生动物繁多,近年来通过自动红外相机的观测,甚至发现了难得一见的中华鬣(liè)羚的身影。

天台山主要为花岗岩地貌,由于河流水量大,侵蚀岩体形成了诸多瀑布,"石梁飞瀑"就是其中之一。

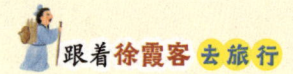
跟着**徐霞客**去旅行

# 台州"寻宝记"

台州是一座有着悠久历史的古城，在一万年前就有先民在此繁衍生息，唐高祖李渊时始称台州，并延续至今，现为地级市。台州物产丰富，经济发达，有很多历史古迹和独具特色的地方特产。那么，除了徐霞客游玩过的天台山，这里还有哪些好吃、好玩、有特色的地方呢？让我们来一场台州寻宝之旅吧！

## ❶ 台州府城墙

又称江南长城、江南八达岭。位于台州临海市，实际上是临海市的古城墙。台州府城墙始建于东晋，扩建于唐，有1600年历史，全长6000余米。

国家AAAAA级旅游景区

台州刺绣

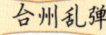
台州乱弹

仙居花灯

国家AAAAA级旅游景区

## ❷ 神仙居景区

原名西罨（yǎn）寺景区，又称韦羌山，属括苍山系，主峰大青岗海拔1271米。其人文历史最早则可以追溯至晚唐时期，现山上仍留有清朝乾隆年间县令何树萼所题的"烟霞第一城"摩崖石刻古迹。神仙居景区内负氧离子含量奇高，是名副其实的天然氧吧。

中国第一诗山——天台山

### ❸ 长屿硐（dòng）天风景区

长屿硐天地势西高东低，逐渐倾斜伸入东海。系雁荡山余脉，山峦海拔在150米左右，属低山丘陵。长屿因峰峦蜿蜒起伏，犹如海上一座狭长的岛屿而得名。

蛋清羊尾

天台山云雾茶

三门青蟹

### ❹ 方山

位于温岭与乐清交界，因山顶平直如砥，形如方盒，因而得名。唐时称王城山，俗呼方岩。方山系雁荡山八大景区之一，层峦叠嶂，气势磅礴，四围石壁均在百米以上，山中有羊角峰、羊角洞和云霄寺。

### ❺ 国清寺

第五批全国重点文物保护单位，为中国佛教宗派天台宗地发源地。位于天台山东麓，始建于隋开皇十八年（598），初名天台寺，后取"寺若成，国即清"，改名为国清寺。国清寺以隋朝的梅花、王羲之的独笔鹅石碑著称。

第 2 站

# 东南第一山——
# 雁荡山

坐　标：浙江省温州市
主　峰：百岗尖
海　拔：1108米
气　候：亚热带季风气候
级　别：首批国家重点风景名胜区之一，国家AAAAA级旅游景区，世界地质公园

跟着徐霞客去旅行

在东海之滨,雁荡山如一位遗世独立的仙人,风姿绰约地静立着。它以奇峰、怪石、飞瀑、幽洞等景观闻名遐迩。

灵峰的峰峦在暮色中变幻多姿,夫妻峰宛如深情相拥的眷侣,诉说着永恒爱意;灵岩飞渡表演惊险绝伦,表演者在悬崖间如履平地,引得观者惊叹;大龙湫(qiū)瀑布自连云嶂顶飞泻而下,落差高达197米,仿若银河倒悬,在阳光映射下,幻化成五彩霓虹,气势磅礴又不失灵动。

穿梭于山间,移步换景,每一眼都是大自然的鬼斧神工,雁荡山用它的独特魅力,让每一位到访者都沉醉其中,不舍离去。

## 雁荡遇老僧岩

徐霞客离开天台山后，又走了两日，在万历四十一年四月十一日这天，带着两个仆人，来到了雁荡山脚下。

他们抬头眺望，只见远处雁荡山的那些高耸的峰峦，就像通天拔地的玉柱一样直插云霄，山上植物繁茂，处处盛开着不知名的野花，眼前的美景让徐霞客忍不住赞叹。

徐霞客继续兴致勃勃地往前走，大约走了二十里路，在大荆驿用饭。饭后他们向南渡过一条溪水，便看到西边的山峰上点缀着一块圆石，仆人们认定是两头陀岩，徐霞客却认为它是老僧岩，又觉得不是很像，并不敢下结论。于是继续前行五里路，经过章家楼，才看清楚老僧岩的真实面目：它着袈裟，秃顶，突兀地站在那里，高约百尺，看上去栩栩如生，令徐霞客暗自称赞。

徐霞客一下子就来了兴致,和众人继续往上攀爬。山上有许多奇怪的石头,形状各不相同,有像和尚的,有像孩童的,看上去惟妙惟肖。这些怪石是自然形成的,大自然鬼斧神工,引得徐霞客十分关注。

他们越往山上走,山脊就变得越窄,路也变得十分难行。徐霞客却并不在意,他翻山越岭,渡涧穿溪,整整花了两天时间,去了碧霄洞、水帘谷、天柱峰、龙鼻水、玉女峰、连云峰等地,途中还去了净名寺、灵岩寺、白云庵等寺庙。

这些地方不仅有绝美的名字,风景更美。尤其在连云峰山坡尽头,一挂瀑布从天而降,澎湃的水流冲撞着落入下面一个深不见底的水潭中,看上去格外壮观,这就是传说中有名的大龙湫。看到瀑布的一刹那,徐霞客和两个仆人都惊呆了,忍不住连连称赞。

在水潭上方有一个小亭,三人在此直到玩尽兴了,才依依不舍地沿着湿滑的台阶,来到一个叫云静庵的庙中歇息。

## 寻找雁湖

天空下起了蒙蒙细雨,徐霞客听说山顶有个雁湖,心里十分向往,他与庵里病卧了几十年的清隐和尚聊了许久,直到天色渐渐暗了,还不愿意睡下,为明天的天气而发愁。

徐霞客忐忑地睡了一夜,第二天一早,天遂人愿放晴了。徐霞客于是强请清隐和尚的徒弟莲舟做向导,打算上山去寻找雁湖。他们每人手握一根手杖,在深草中攀登,一步一喘地走了数里路,才爬到山顶。

在翻过一座尖山后,却发现路断了。再越过一座尖山,一看所要登临的山顶,已经在半空中了。他们只好改变路线向东走,朝着东面诸峰中的高峻山峰前行。莲舟和尚实在走不动了,就从原路下山。

徐霞客主仆三人来到前面一道陡峭的山崖旁，几人解开几根裹腿用的布条，做成一根很长的绳子，徐霞客勇敢地跟着一个仆人，下去探路。下去后才发现，那里的路非常狭窄，根本无法行走，二人只好抓着布条，顺着原路往山崖上爬，想不到正爬着，布条被锋利的石头磨断了，幸亏爬得不高，徐霞客惊险地躲过一劫，好不容易接好了布条，才精疲力竭地爬了上去，脱离险境。

几人回到云静庵时，太阳正渐渐西坠。他们的衣服和鞋子全都弄得破烂不堪，寻觅雁湖的兴致大减。于是，主仆几人告别清隐师徒下山，再次来到龙湫瀑布。他们一直坐到天黑才出山门，南行四里路，在能仁寺留宿休息。

十五日，徐霞客在能仁寺后想找几根竹子做手杖，却因竹子太细未能如愿。他们辞别能仁寺，一路翻山越岭，往乐清县方向走去。

十九年后，徐霞客又去了两次雁荡山，在他的不懈努力下，终于找到了雁湖，了却了心中的夙愿。

## 《徐霞客游记》精彩片段

十三日,出山门,循麓而右。一路崖壁参差,流霞映采。高而展者,为板嶂岩。岩下危立而尖夹者,为小剪刀峰。更前,重岩之上,一峰亭亭插天,为观音岩。岩侧则马鞍岭横亘于前。鸟道①盘折,逾坳右转,溪流汤汤②,涧底石平如砥。沿涧深入,约去灵岩十余里,过常云峰,则大剪刀峰介立涧旁。剪刀之北,重岩陡起,是名连云峰。从此环绕回合,岩穷矣。龙湫之瀑,轰然下捣潭中,岩势开张峭削,水无所着,腾空飘荡,顿令心目眩怖。

### 注释

①鸟道:《华阳国志》里记载,"鸟道四百里,以其险绝,兽犹无蹊,特上有飞鸟之道耳。"此处形容道路险绝。
②汤(shāng)汤:大水急流的样子。

### 译文

十三日,从灵岩寺山门出来,顺山麓向右走,一路上只见山崖、岩壁参差不齐,流霞与山间的色彩相辉映。高峻而顶部平展的,是板嶂岩。板嶂岩下耸立而又尖又窄狭的,是小剪刀峰。再往前,重重叠叠的山岩之上,一座亭亭玉立的山峰直插云天,那就是观音岩。观音岩侧面则是马鞍岭横亘在前方。险要的山道盘旋、曲折,越过山坳向右转,溪流浩浩荡荡,山涧底部的岩石平坦得像细磨刀石。沿着山涧深处前进,离开灵岩寺十余里,经过常云峰,就见大剪刀峰介立于涧旁。大剪刀峰北面,重岩陡然耸起,它的名称叫连云峰。从这里,山环水绕,峰回壁合,岩崖穷尽了。大龙湫的瀑布,轰鸣着下捣进深潭中,石岩的地势张开,陡峭峻削,流水没有附着的地方,腾空飘荡,顿时令人心惊目眩。

## 徐霞客足下的雁荡山

雁荡山，又叫雁山，因山顶有湖，生长着茂密的芦苇，结草为荡，南归秋雁多宿于此，故名雁荡。

雁荡山的主峰为百岗尖，主要分灵峰、灵岩、大龙湫、三折瀑、雁湖、显胜门、羊角洞、仙桥八大景区，共有大小景点500多处，是首批国家重点风景名胜区、国家AAAAA级旅游景区和世界地质公园。

雁荡山自然资源丰富，有大量植物在其间茂密生长，其中不乏枫香树、金柑、江南油杉等国家一、二级保护植物。林间还有很多珍惜的野生动物，如白琵鹭、云豹、白鹤、斑羚、穿山甲等。

# 温州"寻宝记"

温州是一座历史悠久的古城,先秦时属东瓯国。前192年,温州是西汉东海王驺摇的都地。东晋时的323年为永嘉郡,唐高宗时的675年始称温州。1949年5月7日温州和平解放,并设温州市。这里有很多名胜古迹,还有很多有特色的非遗、美食。那么,除了雁荡山外,温州还有什么呢?让我们快来一起寻宝吧!

## ❶ 江心屿

江心屿,别称"中国诗之岛",地处温州市老城区北面,景区占地面积为70多万平方米,是中国四大名胜孤屿之一。

国家AAAA级旅游景区

瓯(ōu)绣

泰顺木偶戏

灯盏糕

## ❷ 永嘉书院

永嘉书院位于国家AAAA级旅游景区——楠溪江风景名胜区核心区域,占地面积300多万平方米,是永嘉县最大的文化、休闲、观光旅游综合项目基地。

东南第一山——雁荡山

### ❸ 望海楼

望海楼,位于温州市洞头区洞头岛上,被誉为"气吞吴越三千里,名贯东南第一楼"。

温州鱼丸

双炊糕

索面

### ❹ 百丈漈(jì)

百丈漈位于温州市文成县,这里由于存在着巨大的落差,从而形成了一漈、二漈、三漈这三折瀑布。这三折瀑布的总高度达到了287米,若换算成丈,为一百丈还多出一些,百丈漈的名称便是由此而来。

### ❺ 玉海楼

玉海楼,位于温州市瑞安市玉海街道忠义街。是晚清学者孙衣言、孙诒让父子的旧居。

第3站

之旅

# 江南第一名山——
# 白岳山

坐　标：安徽省黄山市休宁县

主　峰：钟鼓峰

海　拔：585米

气　候：亚热带季风气候

级　别：国家重点风景名胜区，第二批国家地质公园之一，
　　　　国家AAAA级旅游景区

## 跟着徐霞客去旅行

在皖南大地，白岳山宛如一颗被岁月珍藏的璀璨明珠，散发着超凡脱俗的魅力。它又名齐云山，丹崖赤壁，峰峦竞秀，绵延的山势犹如一条蛰伏的巨龙。踏入其间，仿佛闯入了仙境。

山间云雾缥缈，如梦如幻，轻轻萦绕在峰林之间，恰似为其披上一层薄纱。摩崖石刻星罗棋布，古朴的字迹诉说着悠悠往事，文化底蕴深厚。独特的丹霞地貌，与葱郁植被相映成趣，红的夺目、绿的盎然。更有那香炉峰，云雾升腾时，宛如香炉袅袅生烟。

白岳山以其秀丽风光与人文古韵，让每一位游客沉醉其中，流连忘返，尽享这大自然馈赠的视觉盛宴。

## 冒雪游白岳

徐霞客出来旅游了两次，仿佛有点儿上瘾。他彻底在家坐不住了，于是在万历四十四年（1616）正月不顾天寒地冻，就冒着凛冽的寒风走出家门，临走的时候，还硬拉自己的一个叔翁陪自己受冻。

他们在正月二十六日那天，来到了徽州府的休宁县，沿着一条小溪而上，来到白岳山脚下。他们登山走了五里路，天已经黑了，只好借用庙里的灯笼，冒着满天的雪花，踩着脚下湿滑的冰雪，艰难地走过天门一里多，才进入榔梅庵。

因为雪下得太大，徐霞客等人只顾赶路，天门、珠帘的美景都没有顾上去欣赏，只听见四周树上坠落冰凌发出的巨大响声。

进了榔梅庵，忽然下起大冰粒，徐霞客躺在山房的床上，听着外面噼噼啪啪的声响，辗转反侧，不能入睡。

第二天一早醒来，徐霞客发现外面一片冰花玉树，天地间一片白

茫茫的景色。冰雪无法阻挡徐霞客的脚步,他叫上叔翁和仆人,脚踩大雪一起登上了太素宫。太素宫修建得雄伟壮丽,背靠玉屏峰,前临香炉峰,看上去非常壮观。

徐霞客踩着冰雪,冒着严寒游了舍身崖、紫玉屏、紫霄崖、三姑峰、五老峰等地,返回榔梅庵后,顺着夜里来的路,走下了天梯,在天门内的石崖一带,发现一挂瀑布飞洒而下,可称得上白岳山的第一奇景,赏玩一番后返回榔梅庵休息。

## 携道觅胜景

徐霞客等人返回榔梅庵后,同道士汪伯化闲聊,询问他五井、桥崖胜景的情况。道士见他实在想去,就答应明天早上领他去看看。

没想到,当天晚上徐霞客在睡梦中就听见有人说下雪了,第二天一早醒来,赶紧让仆人外出查看,大雪已经像白色的棉被一样铺满整个山谷。

天气十分寒冷,徐霞客只好待在床上睡懒觉,到了中午时分,同汪伯化穿好鞋上路。他们走了二里多路,一起来到文昌阁,看到天地间一片茫茫雪白,虽然五井胜景的游览被阻,但这里的冰雪美景看上去似乎更诱人。徐霞客二人欣赏了一会儿雪景,返回住处休息。

到了二十九日,天气放晴,青天一色堪称绝美。但是徐霞客顿觉严寒刺骨。饭后,大雪又纷纷扬扬撒落山间,积雪已经超过一尺厚。徐霞客只好与一个名叫程振华的道士聊天,让他给自己讲述九井等处的胜景。

大雪下了一夜,第二天雪下得更大了,直到二月初一太阳才出来。叔翁脚被冻裂,无法出行,徐霞客便着急地叫上汪伯化,一起艰难下山。走了十多里路，经过双溪街，周围才变得开阔。又走了五里路，山势又渐渐合拢，溪水环绕，山石倒影在溪水中，徐霞客看着眼前的美景，突然兴致倍增。

他们又走了一段路，翻过一座山，来到了石桥岩。这里的山是紫色的，还有一眼龙涎泉，看着很像雁荡山的龙鼻水，十分美丽。这附近还有一座天然石桥，他们穿过石桥洞，有僧人提供斋饭，又寻到一个向导，顺利从山崖的左边下山。两座山之间的灌木丛中，有一条小溪穿过，道路十分崎岖，加上大雪弥漫，地面又湿又滑。向导劝徐霞客不要去观音岩，徐霞客不同意。而后他们整整游玩了一天，才精疲力竭地回到梛梅庵。这时已到了吃晚饭的时候，他们回顾一天的经历，才知道大龙井正在大溪口，他们已经离那里近在咫尺了，却被和尚阻止而没能去游览，实在是太过可惜，但这又何尝不是天意呢！徐霞客心里不禁感叹着。

## 《徐霞客游记》精彩片段

二十七日　起视满山冰花玉树，迷漫一色。坐楼中，适浔阳并奴至，乃登太素宫。宫北向，玄帝像乃百鸟衔泥所成，色黧①黑。像成于宋，殿新于嘉靖三十七年，庭中碑文，世庙御制②也。左右为王灵官、赵元帅殿，俱雄丽。背倚玉屏，前临香炉峰。峰突起数十丈，如覆钟，未游台、宕者或奇之。

### 注释

①黧（lí）：黑里带黄的颜色。
②世庙御制："庙"指皇帝死后供奉在宗庙的称号，"世庙"指明世宗朱厚熜（cōng），即嘉靖帝。

### 译文

二十七日早晨起床后，但见满山都是冰花玉树，天地弥漫着一色的银白。坐在楼中，恰好浔阳叔翁和仆人都到了，于是一同登上太素宫。太素宫北向，传说玄帝的塑像是百鸟衔来泥土塑成的，脸色黛黑。塑像完成于宋代，大殿是嘉靖三十七年（1558年）新建而成的，庭院中的碑文，是明世宗皇帝亲笔写成的。左右两边是祭祀王灵官、赵公明元帅的殿堂，都很雄伟壮丽。太素宫背倚玉屏峰一样的齐云岩，前临香炉峰。香炉峰耸起有数十丈高，像只倒覆的钟，没有游览过天台山、雁荡山的人会认为它很神奇。

## 徐霞客足下的白岳山

白岳山是古称，现在叫齐云山。地处安徽省休宁县城区西约15千米处，距黄山市区33千米，总占地面积110平方千米。

白岳山里沟壑纵横，遍布奇峰怪石、幽洞飞瀑、亭台楼阁、古庙庵堂。这里有月华街、云岩湖、楼上楼三个景区，风景非常壮美。

这里生态资源十分丰富，自然植物类型为常绿阔叶林、混交林。拥有中国珍贵树木18种，如三尖杉、香果树、楠木等，还有铁皮石斛、七叶胆、何首乌、香风茶、木瓜、黄精、桂皮、马勃、杜仲等名贵的中草药，140余种野生动物在这片山林里繁衍生息，有石鸡、竹鸡、山雉、野兔、猪獾、果子狸、弹琴蛙、东方蝾螈（róng yuán）等。

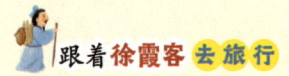

# 安徽"寻宝记"

安徽,是中国史前文明的重要发祥地之一,在新石器时代,就出现了丰富的玉文化——凌家滩文化。这里文化底蕴极为深厚,徽文化、建安文学等诞生于此。安徽还被称为中国戏曲之乡,徽剧、黄梅戏等多种地方戏剧在此孕育发展。此外,安徽是中国传统村落数量较多的省份,宏村、西递村更是被列入世界文化遗产名录。让我们一同去领略安徽的魅力吧。

## ❶ 迎客松

迎客松,是黄山标志性景观,也是安徽省的象征之一,位于国家AAAAA级黄山风景区玉屏楼左侧、文殊洞之上,倚青狮石破石而生,高10米,胸径64厘米,地径75厘米,枝下高2.5米,树龄至少已有1300年,是黄山"四绝"之一。

黄山杜鹃

黄山毛峰

白颈长尾雉

## ❷ 天柱山

天柱山位于安徽省安庆市潜山市西部,为大别山山脉东延的一部分。天柱山的自然景观极为丰富,奇峰林立、怪石嶙峋、幽洞深邃、峡谷纵横,以雄、奇、灵、秀而著称于世。天柱山有着独特的花岗岩堆垒地貌,被联合国教科文组织批准成为世界地质公园。

江南第一名山——白岳山

### ❸ 九华山

九华山位于安徽省池州市青阳县西南，属于黄山山脉支脉。主峰十王峰海拔1344.4米，为最高峰。九华山有99峰，其中名峰70余座，千米以上高峰30余座。这里文化底蕴极为深厚，文物众多，还是中国佛教四大名山之一。

宣纸

黄梅戏

豹

### ❹ 天堂寨风景名胜区

天堂寨风景名胜区位于安徽省六（lù）安市金寨县和湖北省黄冈市罗田县的交界处，是国家AAAAA级旅游景区。景区内瀑布众多，共有108道，其中落差超50米的就有18道。天堂寨所处的大别山，是淮河与长江的分水岭，所以在天堂寨峰顶可北望中原，南眺荆楚。其主要景点有白马大峡谷、龙剑峰、白马峰、瀑布群等。

### ❺ 云豹

云豹，大型猫科动物，国家一级保护野生动物。夜间活动，善爬树，常从树上跃下捕食猴、鼠、野兔、小鹿等小型哺乳动物。

第4站 之旅

# 天下第一奇山——

坐　标：安徽省黄山市

主　峰：莲花峰，光明顶，天都峰

海　拔：1864.8米，1841米，1810米

气　候：亚热带季风气候

级　别：国家AAAAA级旅游景区

黄山，雄踞安徽南部，宛如大地精心雕琢的艺术杰作，承载着亿万年时光沉淀的传奇。它以奇松、怪石、云海、温泉"四绝"名冠天下。

迎客松舒展翠枝，于悬崖峭壁间向八方来客热忱招手；飞来石孤峰兀立，似从天外飞来，神秘而震撼；云雾如灵动的仙子，在峰林间肆意穿梭，忽而将山峦隐匿，忽而又使其半遮半现，如梦似幻；温泉水暖，可洗尽旅途疲惫。

当霞光洒下，黄山仿若披上金纱，层峦叠嶂间，尽显大自然鬼斧神工。置身其中，方知"五岳归来不看山，黄山归来不看岳"所言非虚，每一眼皆是震撼心灵的绝美画卷。

## 黄山泡温泉

万历四十四年二月初徐霞客第一次来黄山,人生地不熟,只好跟随一个进山砍柴的樵夫前行,走了很久,翻过两座山,来到了黄山脚下一个叫汤口的地方,又到了禅符寺。

樵夫告诉徐霞客,这里有一眼非常出名的温泉,水足足有三尺深。徐霞客向樵夫手指的方向看去,只见一汪泉水正冒着热气腾腾的水汽。因为天气寒冷,温泉冒出的热气遇到外面的冷空气,随即散发出阵阵雾气,只见天空中云雾缭绕,宛如人间仙境。

徐霞客一连顶风冒雪走了几天,身上又冷又乏,他的脚都冻得僵硬,正好可以泡个温泉解解乏。徐霞客跳进温泉里,舒舒服服地洗了个热水澡,出来之后只觉浑身是劲儿。他继续向前赶路,很快就到了黄山深处。

## 跟着徐霞客去旅行

黄山高大挺拔，山上的风更冷，雪也下得更大，路上积雪很深，徐霞客只好艰难地在湿滑的山路上跋涉，每往前进一步都非常艰难，他只好小心翼翼地挪着脚步。

徐霞客没有被恶劣的自然环境吓倒，他迎着凛冽刺骨的寒风，脚踩湿滑的冰雪，打算一步一个脚印地登上高耸入云的黄山。显然，在这样恶劣的环境里想要登上一千多米的黄山很难，这不仅需要体力，更需要毅力和勇气。

## 登黄山险中送粮

初四日，大雪下了一天。初五日，徐霞客来到慈光寺，一打听才得知，上山的路已经被大雪封住两个月了，因为积雪太厚，人们行走很不方便。黄山上有寺庙，里面的和尚因大雪阻路下不来，和尚们快要断粮了。山下的人也无法把粮食送上去，有的人试着爬了一段山路，便垂头丧气地折了回来。这些人都是常年翻山越岭的当地人，对山里的环境格外熟悉，他们都不敢上山，然而徐霞客不愿放弃。倔强的徐霞客才不管路好不好走，只要他认定的事，无论有多大的困难，他都会一往无前，绝对不会后退半步。

初六日，天气放晴，徐霞客和向导不顾艰难险阻地往山上爬，几个山上的和尚下山觅粮，遇到徐霞客，说自己被大雪困在山上三个月了，山上路都被大雪封死，只有莲花洞能走。徐霞客在前面开路，脚下的台阶又湿又滑，很多地方还结了冰，如果一不小心从山上摔下，很可能就摔得粉身碎骨。徐霞客也不退缩，一步一个脚印地往山顶爬去。

徐霞客和山顶的和尚们交谈，和尚们用仅有的食物款待他，详细

告诉了他山上的景点分布情况。徐霞客一个个去看了,发现了很多风景绝佳的好地方。

徐霞客白天爬山,晚上拿笔记下自己的所见所闻。他在黄山一连住了多日,记下了很多笔记,实在是不虚此行。

## 《徐霞客游记》精彩片段

初三日　随樵者行,久之,越岭二重。下而复上,又越一重。两岭俱峻,曰双岭。共十五里,过江村①。二十里,抵汤口②,香溪、温泉诸水所由出者。折而入山,沿溪渐上,雪且没趾。五里,抵祥符寺。汤泉在隔溪,遂俱解衣赴汤池。池前临溪,后倚壁,三面石甃(zhòu),上环石如桥。汤深三尺,时凝寒未解,而汤气郁然,水泡池底汩汩起,气本香冽。

### 注释

① 江村:今作岗村,在黄山以南,沅溪右侧。
② 汤口:今名同,在黄山南缘的公路边,是进入黄山的门户。

### 译文

初三日随着樵夫走了很久,翻过两座山岭。下山后爬上另一山,又过一座山岭。两座山岭都很险峻,叫双岭。总共走了十五里,经过江村。走二十里路后,到达汤口,这里是香溪、温泉各条溪水流出的地方。转变方向进入山里,沿着溪水慢慢地上山;雪埋没了脚趾。走五里路,抵达祥符寺。温泉就在隔溪可见处,于是大家都解衣脱鞋到温水池里洗澡。温泉池前临溪水,后倚岩壁,三面都用石头镶砌,上面环架着石条就像桥一样。温泉水深三尺,当时冬寒还没有解除,而温泉水散发着热气,水泡从池子底部汩汩冒起来,气味本身就很清香。

## 徐霞客足下的黄山

黄山是中国十大名山之一,被誉为天下第一奇山。主峰之一莲花峰海拔1864.8米,看上去通天拔地,十分壮观,是世界文化与自然双重遗产,国家AAAAA级景区,世界地质公园。

黄山原名黟(yī)山,山体呈青黑色,远远望去如苍黛,因此而得名。后来,相传轩辕黄帝曾在此炼丹,所以改名为黄山。黄山有奇松、怪石、云海、温泉、冬雪,这五者被称为黄山五绝,还有三个著名的瀑布,黄山的迎客松也十分出名,是一种礼仪文化的象征。

此外,黄山的自然环境复杂,生态系统稳定平衡,有很多珍稀的植物和动物:比如,国家一级保护植物水杉和银杏;豹、云豹、梅花鹿等国家一级珍惜野生动物。它是一个天然的野生珍稀动植物王国。

黄山因其绝美的风景,从古至今被人们赞誉有加。徐霞客来到这里,登临黄山时曾发出感叹:"登黄山,天下无山,观止矣!"后来,人们把他的话引申为:"五岳归来不看山,黄山归来不看岳。"

跟着**徐霞客**去旅行

# 黄山"寻宝记"

  黄山市历史文化源远流长，文明的源头可以追溯到5000多年前。从歙（shè）县、祁门等地出土的文物表明，今黄山市一带早在新石器时代就已有先民生活。1959年至1975年，屯溪西郊奕棋村附近先后发现8座土墩墓，出土一批青铜器、陶器、原始瓷器、玉石件和漆器残件等，经文物考古工作者研究，这些墓葬的时代是西周时期。

## ❶ 徽州古城

徽州古城，又名歙县古城，位于安徽黄山市歙县徽城镇，是国家历史文化名城。古城内文物众多，有徽州府衙、陶行知纪念馆、斗山街、徽园、南谯（qiáo）楼、太白楼、新安碑园、渔梁坝等景点。

徽州毛豆腐

歙砚

黄山烧饼

## ❷ 徽州竹雕

徽州竹雕是传统"徽州四雕"之一。徽州竹雕一般以徽州盛产的毛竹为原料，以刀代笔，因材施艺，运用线刻、浅浮雕、深浮雕等工艺，雕出各种书画。

天下第一奇山——黄山

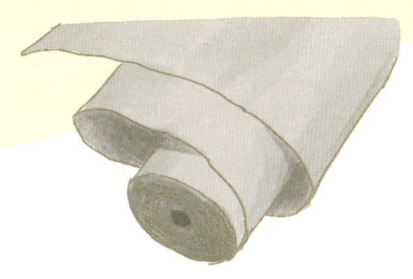

### ❸ 徽州皮纸

徽州皮纸由楮（chǔ）树韧皮纤维制造，在明清时期宣纸制造工艺成熟前，楮皮纸是书画用纸的上品。楮皮纸制作工艺精湛，源远流长，是徽州文化乃至中华文化的瑰宝。

东方蝾螈

臭鳜鱼

徽州四雕

### ❹ 宏村

宏村，中国传统村落，地处黄山西南麓，始建于宋代。从高处俯瞰，宏村像斜卧溪边山前的青牛。它三面环山，坐北朝南。村内为徽式古建筑，这里完好保存了140多幢明清民居，如月沼、南湖、南湖书院、承志堂等。

# 第5站

# 福建第一名山——

# 武夷山

坐　标：福建省南平市武夷山市
主　峰：黄岗山
海　拔：2160.8米
气　候：亚热带季风气候
级　别：国家首批重点风景名胜区之一，国家AAAAA级
　　　　旅游景区

## 跟着 徐霞客 去旅行

在福建西北部,武夷山如同一颗璀璨的绿宝石,闪耀着自然与人文交织的迷人光泽。它集天地之灵气,揽山川之胜景。

群峰巍峨,三十六峰姿态各异,或如利剑直插云霄,或似巨蟒蜿蜒盘踞。九曲溪澄澈如镜,溪水绕山而行,人乘筏顺流而下,仿若于画中游。溪边植被葱茏,四季常青,清新的草木香气弥漫四周。

武夷山不仅有绝美风光,还承载着深厚的文化底蕴,摩崖石刻、古闽越文化遗迹随处可见。在这里,山水相依,人文与自然和谐共生,每一寸土地都诉说着岁月的故事,让人流连忘返,沉醉在这人间仙境之中。

## 舟入武夷九曲溪

万历四十四年二月二十一日，徐霞客一行走出崇安县南城门，寻找到一条小船，打算进武夷山。

进武夷山的方式很奇怪，得坐船才能进去。有一条河是进武夷山的唯一水路，它的名字叫九曲溪。徐霞客坐在船上，一边欣赏着眼前的美景，一边写着日记，心里美滋滋的。

小船在九曲溪里兜兜转转，徐霞客抬头就能看见两岸的美景，不仅大饱了眼福，还不用走路。徐霞客不知不觉就陶醉了，心里偷乐，几乎要手舞足蹈起来。

船夫卖力地摇着船橹，小舟快速前进，激起哗啦啦的水声，他们到了第一曲。只见右边倾斜横亘的是幔亭峰，笔直的是大王峰；狮子峰和观音岩则傲然伫立在左边。徐霞客正看着，溪边出现一块大石头，上面刻了文人骚客的很多诗作，这一下子就加深了武夷山的文化意蕴。原来，武夷山不仅山色秀丽，还是一处文化底蕴深厚的名山呢！

跟着徐霞客去旅行

船又在水面行驶一段路，带着徐霞客进入了第二曲。右边是铁板嶂、翰墨岩，左边则是兜鍪（móu）峰和玉女峰。

不久，徐霞客来到了第三曲。右边是会仙岩，左边是小藏峰和大藏峰。

徐霞客就以这种方式，先后游览了钓鱼台、希真岩、鸡栖岩、晏仙岩、大隐屏、接笋峰……

徐霞客坐在船上，一路看一路记，手里的笔不停地挥舞，大饱眼福后，写下了一大篇好文章，实在是过瘾。

九曲溪的水路很长，徐霞客找了个地方上岸，他沿着蜿蜒曲折的小路，一步步向山上攀登，打算细致观察一下这些陡峭的山峰。

## 武夷山见悬棺

徐霞客沿着崎岖的山路，弯弯转转前行。他费力地爬上了接笋峰，发现接笋峰与大隐屏并列，并附着于大隐屏上，半山腰上横着两条清晰的裂痕，这就是接笋峰名字的由来。

他来到一个幽深的山洼里，发现这里有一大片空地，周围是高耸入云的山峰，仿佛如来佛祖的一根根手指，那片空地是掌心，连起来看犹如佛祖的大手一般。

徐霞客太喜欢这里的美景了，奇山秀水，让他觉得十分有趣。他兴奋地拄着一根木棍，一处处探查，想去发现更多奇妙有趣的地方。

不过，武夷山的地貌实在太复杂，有的地方要攀缘铁索，踩着山崖上开凿的石坎，艰难地前行。

徐霞客是一个天生的冒险家，越是诡异难行的地方，越能刺激他猎奇探秘的欲望。他来到第九曲附近时，发现了一处光溜溜的绝壁，因为石壁太过光滑,他无法爬上去,只能在半崖上的凹槽里钻行,因为空间太过狭窄,徐霞客不得不蜷缩着身子前进。洞里黑漆漆的,徐霞客胆子格外大,不仅没有被吓跑,反而钻了过去。他一路向前,把整个九曲溪都跑遍了。

徐霞客来到一个地方,发现在高高的半空中,出现一只小船,横架在高高的山崖之间。他心里倍感惊奇,觉得简直不可思议。

他好不容易才找到人打听清楚,这个地方原来住过一个得道隐士,那山崖间的小船,其实是这个道人的悬棺,他的遗体就在那里长眠。

徐霞客一听如此传奇,忍不住又要去一探究竟。他经过一番寻找,发现有一架梯子,从这个梯子上去,就能看到那个安放着道人的悬棺。

遗憾的是,因为年代太过久远,梯子早已腐朽了,徐霞客根本无法上去。经过当地一个道士的苦心劝说,徐霞客才只好作罢,带着些许遗憾,离开了武夷山。

## 《徐霞客游记》精彩片段

已下山,转至山后,一峰与猫儿石相对峙,盘亘亦如鼓子,为灵峰之白云洞。至峰头,从石罅①中累级而上,两壁夹立,颇似黄山之天门。级穷,迤逦至岩下,因岩架屋,亦如鼓子。登楼南望,九曲上游,一洲中峙,溪自西来,分而环之,至曲复合为一。洲外两山渐开,九曲已尽。是岩在九曲尽处,重岩回叠,地甚幽爽。岩北尽处,更有一岩尤奇:上下皆绝壁,壁间横坳仅一线,须伏身蛇行,盘壁而度,乃可入。

### 注释

① 石罅(xià):石头裂缝、缺口。

### 译文

随后下山,转到山后面,看见一座山峰与猫儿石相对峙,盘旋绵延也像鼓子岩一样,这是灵峰的白云洞。到达峰顶,从岩石缝隙中连续沿石级往上登,两边对峙的崖壁之间很狭窄,与黄山的天门很相似。走完石级,顺着曲折连绵的山道到达岩石下面。这里有就着岩石架设的房屋,情况也像鼓子岩一样。登上高楼向南眺望,九曲上游,有片小洲处于溪水中,溪水从西方流来,至此分流将小洲四面环绕,到九曲处重新合流为一股溪水。小洲外两座山逐渐分开,至此九曲已经到尽头。这岩就在九曲的尽头处,岩壁重叠回环,地方很是幽静清爽。岩北面的尽头处,更有一岩尤其奇异:上下都是很陡峭的石壁,石壁间横着仅一线宽的石槽,必须低伏身体像蛇一样爬行,盘绕着石壁越过去,才可以进入。

46

福建第一名山——武夷山

## 徐霞客足下的武夷山

武夷山的名字有个很神奇的由来。相传彭祖有一天带着两个儿子来到一座山，因为他的两个儿子一个叫武，一个叫夷，所以就给这座山取名武夷山。武夷山是典型的丹霞地貌，共划分为五个景区，分别为：九曲溪、武夷宫、溪南、云窝—天游—桃源洞、山北。

武夷山自然风光别具一格，尤以丹霞地貌著称于世，自古就有"碧水丹山""奇秀甲东南"等美誉。

武夷山生态系统完好，物种资源丰富多样，保存了世界同纬度最完整、最典型、面积最大的中亚热带原生性森林生态系统，有各种各样的野生动物在这里落户安家，世世代代在这里繁衍生息。这里有黄腹角雉等诸多国家一、二级保护动物，被称为鸟类的天堂、蛇的王国、昆虫的世界。

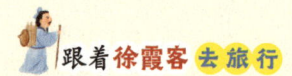

# 武夷山"寻宝记"

　　武夷山市历史源远流长。这里有着诸多特色文化资源，像彭祖文化、闽越文化等，其中朱子文化更是闻名遐迩，毕竟这里是朱子理学的发祥地。它还是乌龙茶和红茶的发源地，是"万里茶道"起点、首个"中国茶文化艺术之乡"，武夷岩茶（大红袍）制作技艺被列为国家首批非物质文化遗产。让我们像徐霞客一样，踏上探寻武夷山之旅吧。

## ❶ 武夷大红袍

茶树属于杜鹃花目山茶科木本植物。大红袍茶树为灌木型，武夷大红袍早春茶芽萌发时，远望通树艳红似火，若红袍披树，因此得名。

黑釉茶盏　　岚谷熏鹅　　吴屯稻花鱼

## ❷ 五夫龙鱼戏

五夫龙鱼戏原为莲鱼戏，是流传于福建省南平市武夷山市五夫镇的一种民间文化表演活动，福建省省级非物质文化遗产之一。

福建第一名山——武夷山

### ❸ 拔烛桥

拔烛桥，是流传于福建省武夷山市兴田镇枫坡村的一种很独特的民间社火活动。该活动来源于禁赌仪式，一般在元宵节期间演出，逐渐发展成为元宵节的社火内容。

幔亭招宴　　武夷竹刻　　朱子婚礼

### ❹ 九曲溪

九曲溪位于武夷山主峰黄岗山西南麓，堪称武夷之魂。武夷山峰岩林立，溪流交织，九曲溪蜿蜒其间，有着三弯九曲的美妙景致，所以叫这个名字。九个曲景色各异，是备受欢迎的重要旅游景点，吸引着众多游客前来观赏。

### ❺ 水帘洞

水帘洞是武夷山赫赫有名的七十二洞之一，在章堂涧的北面。洞顶有倾斜的危岩覆盖，洞身藏于内凹的岩腰间。洞口斜着大开，洞顶阴凉。百余米高的岩顶飞下两股泉水，像游龙吐涎，又似珠帘垂落人间，所以也叫珠帘洞。

第 6 站 之旅

# 匡庐奇秀甲天下——

## 庐山

坐　标：江西省九江市庐山市
主　峰：汉阳峰
海　拔：1473.4米
气　候：亚热带季风气候
级　别：中华十大名山之一，世界文化遗产，世界地质公园，
　　　　国家AAAAA级旅游景区

跟着徐霞客去旅行

在江西北部,庐山似一幅徐徐铺展的诗意长卷,兼具自然的鬼斧神工与人文的深厚底蕴。它拔地而起,以峰奇、石怪、谷幽、瀑飞的景观震撼世人。

五老峰宛如五位仙翁并肩而坐,俯瞰世间沧桑。三叠泉瀑布仿若银河决堤,分三叠奔涌而下,声若洪钟,水花飞溅,在阳光里折射出斑斓色彩。云雾是庐山的常客,时而轻柔地缠绕山腰,时而如汹涌波涛将整座山吞没,峰峦在云雾中若隐若现,如梦如幻。

庐山不仅风光旖旎,更留存诸多文人墨客的诗词墨宝。漫步其间,处处皆是景,步步皆含情,让人不禁沉醉在这秀美的山水与历史悠久的人文氛围里。

匡庐奇秀甲天下——庐山

## 不走寻常路

你有没有想过，庐山到底有多少副面孔？这个问题，或许可以在大诗人苏东坡的《题西林壁》中找到答案："横看成岭侧成峰，远近高低各不同。"意思就是，庐山有多副面孔，从不同的角度看，它都会给你不一样的感受。

因为庐山很高，经常被云雾笼罩，所以它的轮廓总是若隐若现，充满了神秘感。徐霞客对庐山早就充满了好奇，决定亲自去揭开它的神秘面纱。于是，万历四十六年（1618）八月，他拉着两个堂哥，兴冲冲地来到了庐山脚下。可是，刚一到山脚，天上就飘起了大雾，白茫茫的一片，连路都看不清了。

两个堂哥有点害怕，提议走大路上山，毕竟安全第一！但徐霞客不这么想，他说："走大路多没意思，咱们走小路吧！这样才能看到庐

山真正的样子！"两个堂哥拗不过他，只好在天池寺等他，心里却忍不住嘀咕："这家伙，真是爱折腾！"

徐霞客才不管那么多，他沿着一条崎岖的小路攀登。这条路可不好走，一会儿要穿过狭窄的石缝，一会儿要跨过飞流的涧水，没有台阶的地方还得抓着藤条往上爬。虽然累得满头大汗，但徐霞客觉得很值得！

终于，他到达了狮子岩，接着和堂哥们在天池寺会合。之后，他们一起游览了佛手岩、白鹿升仙台、访仙台、文殊台、大林寺等地方。每到一个地方，徐霞客都会仔细观察，记录下自己的所见所闻。他的眼睛就像一台相机，把庐山的美景一一"拍"了下来。

## 勇登汉阳峰

在文殊台，徐霞客看到了山脚下的鄱阳湖和波涛汹涌的长江。长江像一条蜿蜒的玉带，在遥远的天边日夜不息地奔流着。徐霞客觉得自己的眼界一下子开阔了许多，但他并没有满足，他决定挑战庐山的最高峰——汉阳峰！

攀登汉阳峰可不是一件容易的事。徐霞客抓着藤蔓和树枝，手都快被磨脱皮了，脚也快要被石头磨烂。但他没有放弃，而是鼓足勇气，继续向上攀登。终于，他在不懈的努力下，爬上了汉阳峰的山顶。

站在庐山之巅，徐霞客的心里充满了自豪感。他觉得此刻的自己比庐山还要高，眼前的景色更是美得让人沉醉。从这里向下看去，鄱阳湖另有一番韵味，周围的山峰好像低头服输一样。徐霞客忍不住感叹："庐山，我终于看到了你的真面目！"

来庐山一趟，怎么能不看那"飞流直下三千尺"的庐山瀑布呢？

徐霞客当然不会错过。看到瀑布的一刹那,他忍不住惊呼:"太壮观了!"瀑布从高处飞流直下,水花四溅,仿佛是大自然在演奏一首壮丽的交响曲。

接着,徐霞客又去了三叠泉。为了到达那里,他又走了不少七坑八洼的山路,但这一切都是值得的。三叠泉的景色让他流连忘返,他觉得自己仿佛置身于仙境之中。

徐霞客在庐山上四处游走,从不同角度、不同侧面,对庐山做了一次详细的大考察。他不仅用眼睛看,用心感受,还用笔记录下了自己的旅行感想。他的笔记就像一本神奇的魔法书,把庐山真实的面目,淋漓尽致地展现在读者面前。

## 《徐霞客游记》精彩片段

既而涧旁路亦穷，从涧中乱石行，圆者滑足，尖者刺履。如是三里，得绿水潭。一泓深碧，怒流倾泻于上，流者喷雪，停者毓①黛。又里许，为大绿水潭。水势至此将堕，大倍之，怒亦益甚。潭前峭壁乱耸，回互逼立，下瞰无底，但闻轰雷倒峡之声，心怖目眩，泉不知从何坠去也。

### 注释

①毓（yù）：同"育"，生。

### 译文

继而山涧旁的道路也断了，从山涧中的乱石间前行，圆的石头脚踩上去会滑，尖的会刺穿鞋底。如此走了三里路，走到绿水潭。一潭清水渊深碧绿，狂怒的水流倾泻在上方，流动的水如雪花喷溅，停积的水泛着青黑色。又走一里左右，是大绿水潭。水流到这里即将下坠，水面比刚才见到的水潭大一倍，水势也愈发汹涌。潭前的峭壁杂乱地耸立着，回绕矗立，互相逼近。向下俯瞰，没有底，只听见流水倾泻进峡谷发出雷鸣般轰响的声音，令人心惊目眩，泉水不知从哪里下坠流走了。

匡庐奇秀甲天下——庐山

## 徐霞客足下的庐山

庐山位于江西省九江市，东偎鄱阳湖，南靠共青城市，西邻京九铁路大通脉，北枕滔滔长江。庐山是一座地垒式断块山，整个山体南北长29千米，东西宽约16千米，主峰海拔1473.4米。主要山体范围内古人命名的山岭有171处，连绵起伏的山峦层层相叠，看上去分外壮观。

庐山以雄、奇、险、秀闻名于世，被誉为"人文圣山"。这里著名的三叠泉瀑布，落差达155米，有"不到三叠泉，不算庐山客"的说法。

庐山生态资源丰富，有野生植物2000余种，野生动物3000余种。庐山脚下的鄱阳湖还有世界著名的候鸟保护区，珍稀动物云豹在庐山活动。

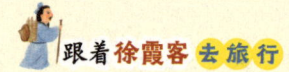

# 九江"寻宝记"

九江是一座历史底蕴深厚的城市,早在新时器时代就有人类居住,商朝时,今九江所属的瑞昌是重要的产铜基地。春秋时九江分别属吴国、楚国,此后,九江使用的旬阳、紫桑、豫章、彭泽等名称,都与重要的历史人物或事件有关。由此可见,九江是一个妥妥的历史名城。那么,在九江有些什么宝贝呢,我们一块儿去看看吧。

### ❶ 湖口草龙

湖口草龙,俗名谷龙,以稻草为主要材料,辅之以竹木做支架,整条龙节段为单数,一般为9~21节。其编织工艺复杂精致,采用了编、织、插、嵌、镶、绕、缠、悬、挂、空、别、剔、镂、透等十多种工艺技巧。

武宁打鼓歌

星子金星砚

九江山歌

### ❷ 全丰花灯

全丰花灯是江西九江修水全丰镇的一种汉族曲艺形式。它是一项介于灯、戏、舞之间的艺术表演活动,主要特色是灯队表演,具有浓厚的民俗色彩。

匡庐奇秀甲天下——庐山

### ❸ 浔阳楼

浔阳楼位于九江市浔阳区,是江南十大名楼之一。《水浒传》里宋江在此题反诗,李逵在此劫法场,这些故事让它声名远扬。浔阳楼集名楼的风采、名著的文化底蕴、名酒的韵味于一身,是极具魅力的名胜。

石鱼炒蛋

九江桂花茶饼

九江米粉

九江烤鸭

### ❹ 白鹿洞书院

白鹿洞书院是中国四大古代书院之一,位于九江市庐山五老峰南麓。"始于唐、盛于宋,沿于明清",有着1000多年的历史。书院内有御书阁、明伦堂、白鹿洞和思贤台等景点。1996年,包括白鹿洞书院在内的庐山作为"世界文化景观"被列入《世界遗产名录》。

### ❺ 湖口青阳腔

青阳腔是在明代嘉靖年间弋(yì)阳腔流入安徽青阳后,与当地流传的戏曲声腔、地方语言、民间音乐、宗教音乐等结合而形成的一种戏曲声腔。

# 第7站

# 鲤湖飞瀑天下奇——

## 九鲤湖

坐 标：福建省莆田市仙游县东北部

奇 景：九鲤飞瀑，冰川峡谷，千年祈梦，摩崖石刻

海 拔：约590米

气 候：亚热带季风气候

级 别：国家AAAA级旅游景区

九鲤湖，坐落于福建莆田仙游县钟山镇，宛如一颗璀璨明珠镶嵌在戴云山区。

这里湖光山色，美不胜收，18万平方米的丰收水库与8万平方米的"梦西湖"交相辉映。更有那总长10余千米的九漈瀑布，似银龙飞舞，气势磅礴。雷轰漈如万马奔腾，瀑布漈像巨龙翻滚，珠帘漈若珍珠飞滚，玉柱漈似玉琢双柱。湖边怪石嶙峋，蓬莱石、玄珠石等形态各异，承载着千年传说。

九鲤湖不仅自然风光绝美，还是祈梦文化的发源地，何氏九仙的故事流传千古，吸引着无数游客前来寻梦探秘，感受这人间仙境的独特魅力。

## 发现瀑布群

徐霞客喜欢旅游，特别喜欢游览那些名山大川。像峨眉、嵩山等举世闻名的地方，徐霞客当然心驰神往。无奈，家中老娘年事已高，古人说父母在不远游，徐霞客只好去一些近一点的地方，这样家里万一有什么事，也能及时赶回家。

徐霞客在家无聊，就于泰昌元年（1620）六月拉着叔叔一起来到兴化府莆田县，他要和叔叔去看瀑布。这儿一共有九道瀑布，不在山崖上飞流直下，却在河上。

这也是令徐霞客感兴趣的地方，如果说山里有瀑布并不稀奇，河上有瀑布的事他还真没见过，他很想亲眼去见识见识。

徐霞客一路风尘仆仆，经过长途跋涉，终于看到了瀑布。河上之所以有瀑布，和福建的地理环境有很大关系，这里山多，还经常下雨，所以山间的雨水汇聚成了很多道溪流，这些溪流水流很急，遇到坡度较大的陡峭山坡时，就会形成瀑布。

徐霞客对这些瀑布很感兴趣，仔细观察后发现，它们虽然并不算太大，但九个聚在一起连成瀑布阵，还是很壮观。

太阳酷热，路上没有一个行人，几人顶着炎炎烈日，来到第一道瀑布旁，它叫雷轰漈瀑布，九仙祠就建在瀑布边，前对着九鲤湖，湖水清澈碧蓝，一级级瀑布沿着河面井然有序地排列着。

第二道瀑布叫瀑布漈，第三道瀑布是珠帘漈，然后是第四道瀑布叫玉箸（zhù）漈，珠帘漈与玉箸漈并列悬挂。

## 研究水下凹坑

徐霞客一一欣赏了那九道瀑布，虽说非常愉悦，却也有了很多疑惑。他外出旅行的一大目的，那就是考察当地的环境，再挥动自己的大笔，洋洋洒洒地写一篇科考报告。

徐霞客用自己敏锐的目光，仔仔细细观察着这条湍急的河流，他一丝不苟地来回打量着它，很快，他就有了一个惊人的发现。

这条河的整个河床，都被水流冲刷得十分光滑，湍急的水面下，还隐藏着无数个大大小小的凹坑，形状各不相同，看上去千奇百怪，非常壮观。

徐霞客看着水面下的凹坑，心里陷入了沉思。他在暗自思索，这些深浅不一、形状各异的凹坑究竟是怎么形成的。

徐霞客经过长时间观察、认真的思考，最终寻到了这些凹坑形成

的原因。原来，从附近山上流出的溪水，速度很快，撞击的力量非常大。尤其在雨季山洪暴发时，洪水像发了疯的野牛般咆哮着，水流在河道里横冲直撞，在高低不平的河床的阻挡下，很容易就会形成一股股涡流，这些翻滚咆哮的涡流，卷起许多碎石块，就像是天然的沙轮，日夜不停地在河床上摩擦着，经过千百年的研磨，日积月累就形成了这些特殊的凹坑。当然，经现代科学考察，发现这些石臼是冰川活动痕迹。

徐霞客觉得自己的分析很有道理，于是兴奋地拿出纸笔，把自己的所见、所闻、所思、所想，统统记了下来，这在古代是非常难得和有价值的一件事。

# 《徐霞客游记》精彩片段

南过通仙桥，越小岭而下，为公馆，为钟鼓楼之蓬莱石，则雷轰漈①在焉。涧出蓬莱石旁，其底石平如砥，水漫流石面，匀如铺縠②。少下，而平者多洼，其间圆穴，为灶，为臼，为樽，为井，皆以丹名，九仙③之遗也。平流至此，忽下堕湖中，如万马初发，诚有雷霆之势，则第一漈之奇也。

### 注释

①漈：福建、江西一带方言称瀑布为漈。
②縠（hú）：有皱纹的纱。
③九仙：《嘉庆重修一统志》载："何氏九仙，其世代莫可考。兄弟九人居仙游东北山中修道，因名其山曰九仙山。又居湖侧炼丹，丹成，各乘赤鲤仙去，名其湖曰九鲤湖。"《兴化府志》谓时在西汉元狩年间。

### 译文

往南走过通仙桥，越过小山岭往下走，是公馆和有钟鼓楼的蓬莱石，而雷轰漈就在这里。山涧水从蓬莱石旁边流出来，山涧底的岩石平得如同磨刀石，涧水沿石表面漫流下泻，均匀得像铺上了一层绉纱。下游不远，平滑的底部有许多凹坑，其中有圆圆的孔洞，被称为灶，称为研白，称为酒樽，称为水井，都用"丹"来起名，据说是九仙的遗迹。平缓的水流到了这里，忽然下坠到湖中，如万马刚刚奔腾出发，确实有雷霆万钧之势，这就是第一漈的奇观了。

## 徐霞客足下的九鲤湖

九鲤湖是福建三绝之一,与武夷山和玉华洞齐名。它位于福建省莆田市仙游县境内,以九鲤飞瀑、冰川峡谷、千年祈梦三大奇观著称,其中飞瀑总落差432米,最大落差108米,有"九鲤飞瀑天下奇"的美誉。

九鲤湖是历史文化名湖,许多来过这里的文人墨客留下了灿若繁星的墨迹。这里还有独具特色的祈梦文化,相传汉代有何氏九兄弟在这里炼丹成仙。从此之后,很多游客都来这里祈梦,希望求得平安喜乐。

九鲤湖有很多文物古迹。摩崖题刻多达20余处,依山傍水、风景秀美,是游客怀古的好去处。

历代达官显贵、文人墨客纷纷来此游览,六朝太府卿郑露、宋端明殿学士蔡襄、明礼部尚书陈经邦及状元罗伦、江南才子唐伯虎、地理学家徐霞客、清代名宦李光地和近代一些政要都来过这里游览、祈梦。

明代著名小说家冯梦龙,清代著名学者纪晓岚、梁章钜(jù)等人对九鲤湖的祈梦文化都做过生动的记述。

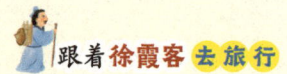

# 莆田"寻宝记"

莆田有着悠久的历史。南朝陈光大二年（568），莆田立县；中华人民共和国成立后，莆田、仙游两县先后隶属晋江专区、闽侯专区；1971年，改为莆田地区；1983年莆田建市。那么，莆田究竟有什么宝贝呢？我们一起来看看吧！

## ❶ 莆田南少林寺

南少林寺位于莆田荔城区西天尾镇九莲山林山村，距市区约17千米。九莲山中有座林泉院，始建于南朝陈永定元年（557），清初毁于战火，20世纪末重建。此寺武风盛行，成为我国东南沿海武术活动的中心。

莆仙戏

莆田卤面

九莲灯

## ❷ 平海天后宫

平海天后宫，位于福建省莆田市秀屿区平海镇平海村东至自然村，始建于北宋咸平二年（999），俗称"娘妈宫"。它是一座完整的宋代宫殿式建筑原构妈祖行宫，因宫中有108根木柱，又称"百柱宫"。

鲤湖飞瀑天下奇——九鲤湖

## ❸ 龙华双塔

龙华双塔，位于福建省莆田市仙游县龙华镇灯塔村龙华寺前东西两侧。龙华双塔都是仿木楼阁式建筑，为八角五层空心石质结构，高44.8米，每面宽3.7米，塔身正东西外径为8.8米，塔身占地面积为64.5平方米。对研究宋代石构建筑有重要参考价值。

仙游套肠

文枕琴

莆田焖饭

## ❹ 湄洲岛

湄洲岛，福建省莆田市秀屿区湄洲镇辖岛，是莆田市第二大岛。这里是"海上和平女神"妈祖的故乡，妈祖文化的发祥地，素有"南国蓬莱"美称。岛上有湄屿潮音、湄洲祖庙、妈祖祖庙等景点。

## ❺ 莆田古城

莆田古城，明洪武二十年（1387）建成，为明代抗倭的遗迹，福建省文物保护单位。其现存古城墙长1335米，东北两门完好，西南城墙有基址。城内宫庙历史悠久，城隍庙、天妃宫等古迹众多。城外还有八卦井与戚继光石像。

第 8 站

之旅

# 父亲山——

## 嵩山

坐　标：河南省郑州市登封市
主　峰：峻极峰
海　拔：1491.7米
气　候：温带季风气候
级　别：国家AAAAA级旅游景区

跟着徐霞客去旅行

在中原大地的腹心,嵩山宛如一位沉稳的智者,静立千年,见证着岁月的沧桑变迁。它由太室山与少室山等山峰组成,山势雄浑壮阔,层峦叠嶂间尽显巍峨之势。

山间植被随着四季更迭,变换着斑斓色彩。春季,山花烂漫,漫山遍野的芬芳沁人心脾;秋日,红叶似火,为嵩山披上绚丽霞衣。峻极峰高耸入云,登顶远眺,云海翻腾,连绵群山尽收眼底。这里古迹众多,少林寺禅音袅袅,塔林庄严肃穆,拥有深厚的佛教文化与历史底蕴。

嵩山以其独特的自然景观和厚重的人文魅力,吸引着四方来客,让每一个踏上这片土地的人,都能领略到它跨越时空的非凡之美。

## 初见嵩山

徐霞客一生喜欢旅游,最爱去名山大川游玩,尤其对五岳十分憧憬,一直没能成行。

徐霞客对此也感到很遗憾,心里始终在盘算着,有机会一定要去看看。徐霞客是个性格倔强的人,只要他认准的事,不管多么困难,就一定会去做。

这不,徐霞客心心念念去嵩山,他做了决定后,很快就出发了。

徐霞客独自一人从家出来,一路向北走,走了十几天,才来到位于嵩山脚下的中岳庙。他休息片刻后,先给中岳帝君烧了一炷(zhù)香,然后抬头观赏起了眼前的嵩山。

自古以来,河南一直被认为是中华文明的发源地,也被人们认为是天地的中心,因此,嵩山被称为天下所有山脉的中心,也被称为父亲山。

然而，嵩山可不是一座孤峰，它由太室山和少室山组成，群峰林立，雄伟壮观。

徐霞客不是本地人，人生地不熟，他根本找不到进山的入口。就在徐霞客愁眉不展的时候，一个樵夫从他身边走过，徐霞客慌忙作揖向樵夫打听进山之路。

樵夫是个痛快人，让徐霞客跟在自己身后，说他正好也要上山打柴，只是山路有点儿陡峭，询问徐霞客敢不敢去。

徐霞客不假思索地答应了，跟在樵夫的身后，二人有说有笑地往山顶艰难爬去。

## 登上嵩山之巅

徐霞客跟在樵夫的后面，吃力地向嵩山上攀爬。樵夫常年在山上行走，对山路了如指掌，他说的果然没错，这山路崎岖难行，走近秀峰突出处，山路竟然突然断开，险要到了极点，根本无法通行。

山路十分狭窄，像是一根线一样，他们只好靠着土山小心翼翼地攀爬，大约走了二十里路，才翻过东峰，不久又转到裂门上面。

樵夫在前面七绕八绕，徐霞客吃力地跟在后面，他虽然也常年在外旅行，与常年以打柴为生的樵夫相比，体力还是略显逊色。他们绕到天门，又跨过大铁梁桥，然后来到登高岩。

二人累得满头大汗，徐霞客拼命地喘着粗气，衣服都快湿透了。走了很久后，徐霞客猛然发现，前面的路竟然又断了。原来是两个石崖中间断开了数尺，找不到落脚的地方。

樵夫看着徐霞客作难的表情，笑了笑敏捷地跨了过去，身手简直比猴子还灵巧。徐霞客看得目瞪口呆，还没等他反应过来，樵夫拖来两棵树，搭成一个简易的木桥，徐霞客才胆战心惊地走过去。

他们继续往前走，沿途又克服了重重困难，最后才如愿登上了山顶。徐霞客高兴极了，他埋藏在心中多年的夙愿，终于实现了。他兴奋地站在山顶往下望去，但是云遮雾罩，什么都看不见。

他们在山上四处游玩，到了下山的时候，徐霞客又犯了难。樵夫却说带他从西边的山沟滑下去。徐霞客只听一个滑字，就觉得很刺激。于是，二人沿着小路，费力地下了山。

这次嵩山之旅格外惊险，徐霞客在夜深人静的时候，拿起手中的笔，开始记录自己的所见所闻，他说嵩山险峻挺拔，风云变幻多姿，给他的旅途带来了许多乐趣。

## 《徐霞客游记》精彩片段

南寨实少室①北顶，自少林言之，为南寨云。盖其顶中裂，横界南北，北顶若展屏，南顶列戟岿，其前相去仅寻丈，中为深崖，直下如剖。两崖夹中，坑底特起一峰，高出诸峰上，所谓摘星台也，为少室中央。绝顶与北崖离倚，彼此斩绝不可度。俯瞩其下，一丝相属。余解衣从之，登其上，则南顶之九峰森立于前，北顶之半壁横障于后，东西皆深坑，俯不见底，罡风②乍至，几假翰③飞去。

### 注释

①少室：少室山，其中御寨山为嵩山最高峰，海拔1512米。
②罡（gāng）风：亦作"刚风"，即高空的强风。
③翰（hàn）：天鸡红色的羽毛。

### 译文

南寨实际上是少室山北面的山顶，就少林寺而言，才算是南寨。原来少室山的绝顶从中间裂开，横断为南北两部分，北面的山顶像展开的屏风，南面的山顶如排列的戟一样耸峙着，两座山顶的前边相距仅有八尺到一丈，中间是深深的悬崖，笔直下陷，像刀剖开的。两面悬崖相夹的中间，深坑底下耸起一座独立的山峰，高出群峰之上，就是所谓的摘星台了，位于少室山的中央。绝顶与北面的悬崖若即若离，彼此断开，绝对不能飞越过去。俯身看绝顶下面，有一丝相连。我脱下衣服从那里走过去，登到绝顶上，就见南面的山顶上有九座山峰森林一样矗立在前方，北面山顶的半面石壁横挡在后方，东西两面都是深坑，低头看不见底，高空中的狂风猛然间袭来，我几乎借着翅膀飞走了！

父亲山——嵩山

## 徐霞客足下的嵩山

嵩山，位于河南省郑州市登封市，总面积450平方千米，是世界地质公园和国家AAAAA级风景名胜区。

嵩山主峰地区的玉寨山、峻极峰、五指岭、尖山等，多由石英岩组成，在构造运动的作用下，使诸峰在400米标高上拔地而起。人文景观计有10寺、5庙、5宫、3观、4庵、4洞、3坛及宝塔270余座。

嵩山的三教文化底蕴十分深厚，历朝历代很多历史文化名人都在此地隐居、修行。

此外，这里的生态资源也十分丰富，不仅是植物的王国，还生活着草兔、灵猫、狗獾（huān）、黄鼬（yòu）等野生动物。

跟着徐霞客去旅行

# 登封"寻宝记"

　　登封是一座历史悠久的名城，夏王朝都城阳城，就在登封市告成镇。周公曾在嵩山测量天文，安放日晷，汉武帝刘彻曾在嵩山巡游。可以说，登封自古就是一方宝地。那么，我们能在这里能探到什么宝贝呢？一起来看看吧！

## ❶ 少林寺

少林寺，是中国佛教禅宗祖庭和少林功夫的发源地，现为世界文化遗产、全国重点文物保护单位、国家AAAAA级旅游景区，位于河南省郑州市登封市嵩山五乳峰下，因坐落于嵩山腹地少室山茂密丛林之中，故名"少林寺"。

中国嵩山世界地质公园

嵩山木雕

嵩山泥人

## ❷ 中岳庙

中岳庙，位于河南省郑州市登封市嵩山南麓，始建于秦，为祭祀太室山神的场所，中州祠宇之冠，也是五岳中现存规模最大、保存较完整的古建筑群，同时是河南省规模最为巨大、最完整的古代建筑群。

父亲山——嵩山

### ❸ 嵩阳书院

嵩阳书院是中国古代著名的高等学府，中国古代四大书院之一，世界文化遗产，全国重点文物保护单位，位于河南省郑州市登封市嵩山南麓。

少林寺素饼

登封焖（mèn）子

少林禅茶

### ❹ 观星台

观星台，是中国现存最古老的天文台。它位于河南省郑州市登封市告成镇，由天文学家郭守敬在至元十三年（1276）到至元十七年（1280）主持建成。观星台包含台体和石圭两部分，台体方形覆斗状，四壁用水磨砖砌成，石圭可量日影，被称为"量天尺"。

### ❺ 嵩岳寺塔

嵩岳寺塔，位于登封市嵩山南麓嵩岳寺内。它建于北魏正光年间（520—525），是我国现存最古老佛塔之一，也是世界现存最早筒体结构建筑。它是15层密檐式砖塔，平面呈十二边形，高37米。

第 9 站
之旅

# 奇险天下第一山——

## 华山

坐　标：陕西省渭南市华阴市
主　峰：南峰
海　拔：2154.9米
气　候：暖温带大陆性季风气候
级　别：国家AAAAA级旅游景区

西岳华山,傲立关中大地,似一柄倚天巨剑,直插云霄,以奇险冠绝天下。它由一块完整的花岗岩构成,拔地而起,壁立千仞,令人望之生畏。

华山五峰,各有风姿。东峰朝阳,可观壮丽日出,第一缕曙光为峰峦镀上金边;西峰莲花,巨石形态恰似绽放的莲花,绝美而险峻;南峰落雁,乃华山之巅,伸手仿若可触星辰。北峰云台,四面悬绝,上冠景云,下通地脉;中峰玉女,林木葱茏,奇花异草列布,香浥襟袖。另外,长空栈道悬挂绝壁,挑战着勇者的胆量;鹞子翻身惊险万分,需步步惊心。

华山不仅是自然奇观,更承载着无数文人墨客的豪情,其壮美与险峻,吸引着世人前来,感受这大自然馈赠的独特震撼,留下难忘记忆。

奇险天下第一山——华山

## 华山顶见棋盘

　　徐霞客领略了五岳之一的嵩山的魅力，心里便有了新打算，他要马不停蹄地赶往华山，去见识见识西岳华山的风采。

　　他一路向西走，走了很多天，终于在天启三年（1623）二月的最后一天进入黄河边的潼关。到了这里，徐霞客便离华山不远了。果然，他走了一段路，便看到了朝思暮想的华山的真容。

　　只见一座陡峭的大山出现在他眼前，山体险峻挺拔，像是用斧头劈出来的一样，徐霞客看到它的那一刻，眼睛都直了，他心里不禁慨叹大自然的神奇。徐霞客心中暗想，华山也许就是世界上最险峻的山了吧！随即，他便想爬上去看一看。

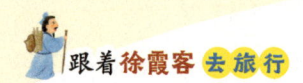

俗话说："自古华山一条路。"徐霞客第一次来，并不知道这条路该怎么走，便找了个人当向导。他们攀着悬崖峭壁的铁索登上了千尺㠉，穿过百尺峡、老君犁沟等地，经过艰难的攀登，一直爬到了南峰顶。

徐霞客在山中发现好几处宝地，最让他记忆犹新的是一个台子，好像棋盘，据说，当年宋太祖赵匡胤曾与神仙在这里下棋。

徐霞客仔细观察着，为晚上写日记做准备，他带着疑问看华山，发现了华山别样的美。

## 独辟蹊径游华山

徐霞客登上山顶后，在山上停留片刻，和道士告别，顺着原路下山，去观览了白云峰，圣母殿也在那里。

徐霞客还未从山上下来，天就黑了。他只好摸黑走了三里路，在十方庵借宿。徐霞客一路游览了青柯坪、毛女洞、上方峰等地，这些都是华山的支峰，道路十分陡峭，只是天黑了，没办法仔细欣赏。

徐霞客休息一夜，次日走了十五里路，来到岳庙。短暂歇息后，他又往西走了五里路，从华阴县城西门出去，顺着小路往西南走了二十里，来到泓峪。

泓峪是华山西边的第三条山谷，山谷两侧都是万丈悬崖，下方是湍急的溪水，在幽深的山谷里肆意奔腾。

徐霞客沿着山涧往南走，曲曲折折地走了二十多里，找了个地方又借宿一晚。徐霞客累坏了，这一天他走了四五十里路。

徐霞客一路兴致盎然，发现了华山的别样之美，很多地方人们还从未到过，有些很偏僻的地方，他也跑到了。

徐霞客一边走一边看，不知不觉来到了一条河边，后来才知道这条河叫汉水。他乘船顺流而下，从水路离开了陕西境内。

徐霞客坐在船上欣赏着美景，觉得十分惬意，别有一番情趣。船沿途穿过一道道峡谷和许多险滩，汉水水势湍急，徐霞客所乘的船经过一处险要的地方时，滔天的巨浪打进船舱，所有人的衣服都湿透了。

徐霞客没有从原路下山，而是独辟蹊径乘船离开了华山，打破了"自古华山一条路"的说法，实在是令人惊讶又敬佩。

## 《徐霞客游记》精彩片段

初三日 行十五里,入岳庙。西五里,出华阴①西门,从小径西南二十里,入泓峪,即华山之西第三峪也。两崖参天而起,夹立甚隘,水奔流其间。循涧南行,倏而东折,倏②而西转。盖山壁片削,俱犬牙错入,行从牙罅中,宛转如江行调舱然。二十里,宿于木柸(bēi)。自岳庙来,四十五里矣。

**注释**

①华阴:明为县,隶属西安府华州,即今陕西华阴市,在陇海铁路线上。
②倏(shū):极快地。倏而:忽而。

**译文**

初三日行十五里,到岳庙。往西走五里,从华阴县城西门出去,顺小路往西南走二十里,进入泓峪,这是华山西边的第三条山谷。山谷两边的崖壁参天而起,夹谷而立,山谷十分狭窄,溪水在谷中奔流。沿山涧往南行,一会儿转向东,一会儿转向西。因岩壁像石片,犬牙交错,行走在"狗牙"的缝隙之中,弯弯转转就像在江上行船调整航向一样。走二十里,在木柸住宿。今天从岳庙出来,已经走了四十五里路了。

## 徐霞客足下的华山

西岳华山，是五岳之一，地处陕西省渭南市华阴市，以险峻闻名于世。华山被称为华夏之根，是道教全真派的圣地，建有道观20多座，出现过陈抟（tuán）、郝大通、贺元希等道教高人。

华山不仅是国家AAAAA级旅游景区，还名列中华十大名山。这里生物资源丰富，有多种树木，还有苍术（zhú）、菖（chāng）蒲、远志、五味子等300余种名贵中草药。

豹、金雕、黑鹳等国家一级保护动物，在这里安家落户，还有大量国家二级保护动物也在华山广阔的山林中穿梭。

华山不仅是一个休闲旅游的天然氧吧，还是一个天然的野生动物王国。

# 华阴"寻宝记"

华阴市是陕西省历史文化名城,仰韶文化的重要发祥地之一。春秋设邑,战国置县,已有2500年以上的历史。历代才人辈出,隋文帝杨坚等都是从这里走出去的风云人物。那么,我们能在华阴寻到什么宝贝呢?一起来看看吧!

## ❶ 横阵遗址

横阵遗址,位于陕西省华阴市罗敷镇横上村,为新石器时代的仰韶文化与龙山文化叠压的古文化遗址。

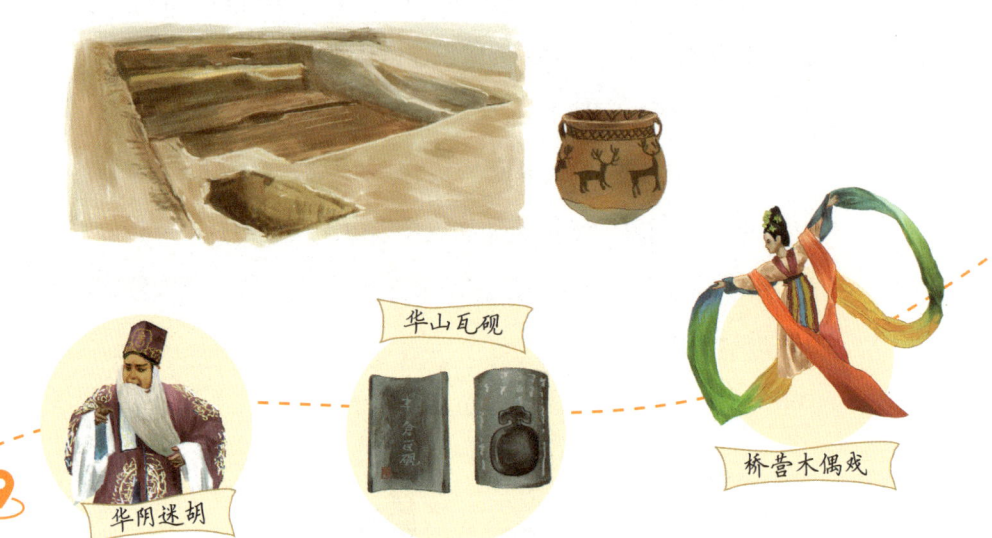

华山瓦砚

华阴迷胡

桥营木偶戏

## ❷ 魏长城遗址

魏长城遗址,位于陕西省渭南市华阴市、大荔县、韩城市境内,是战国时秦国与魏国的分界线,长200余千米,是战国魏为防御西面的强秦而筑的军事屏障。

奇险天下第一山——华山

### ❸ 西岳庙

西岳庙位于陕西省华阴市区。西岳庙供奉西岳华山兵神金天王，是道教全真派圣地。

华阴麻食菜

华阴糍粑（cí bā）

华阴油轮

### ❹ 玉泉院

玉泉院，地处华山脚下，是华山道教主要活动地，登华山的门户。传说金仙公主不慎将玉簪掉入玉井中，后在玉泉院洗手时寻得，才知玉泉与玉井相通，玉泉院因此得名。它是园林建筑，布局严整，虽曾被山洪破坏，但如今景色依旧迷人，巨石、流水、老树等构成一幅画卷。

### ❺ 华阴老腔

华阴老腔，诞生于明末清初的陕西华阴市，原是双泉村张家家族戏，只传本族。其声腔刚直高亢、磅礴豪迈，表演自在随兴，被赞为黄土高坡上"最早的摇滚"。它有独特的拖腔和拍板节奏，极具历史文化价值。2006年入选首批国家级非物质文化遗产名录。

## 内 容 提 要

本书以《徐霞客游记》为蓝本，从27篇游记里择取27处地点，精选精彩片段进行二次创作，并融入各地文旅资源，打造成适合孩子阅读的地理启蒙读物。

本书从徐霞客首篇日记《天台山游记》切入，带读者跨越数百年，跟随徐霞客漫步天台山，开启台州寻宝之旅。每篇游记都会这样徐徐展开，仿佛徐霞客就跃然纸上，各地美食、趣玩、胜景，一一在读者眼前延展。

"读万卷书，行万里路。"本书堪称地方文旅主题佳作，既为广大中小学生提供写作素材，又助其拓宽视野、增长见识。

**图书在版编目（CIP）数据**

跟着徐霞客去旅行．1，打卡华夏名山 / 梅芬芬，王焱编著．-- 北京：航空工业出版社，2025.6．-- ISBN 978-7-5165-4152-4

Ⅰ．K92-49

中国国家版本馆CIP数据核字第2025NV3004号

**跟着徐霞客去旅行·①打卡华夏名山**
Genzhe Xuxiake QuLüxing · ① Daka Huaxia Mingshan

航空工业出版社出版发行
（北京市朝阳区京顺路5号曙光大厦C座四层　100028）
发行部电话：010-85672688　010-85672689　　读者服务热线：010-85672635

| | |
|---|---|
| 唐山楠萍印务有限公司印刷 | 全国各地新华书店经销 |
| 2025年6月第1版 | 2025年6月第1次印刷 |
| 开本：710×1000　1/16 | 字数：60千字 |
| 印张：6 | 定价：128.00元（全3册） |

# 目录

### 第10站 中国道教圣地——太和山

太和山见字碑 / 3

幸得榔梅果 / 4

《徐霞客游记》精彩片段 / 6

徐霞客足下的武当山 / 7

丹江口"寻宝记" / 8

### 第11站 中华十大名山之一——五台山

远观五台山 / 13

五台山似手掌 / 14

《徐霞客游记》精彩片段 / 16

徐霞客足下的五台山 / 17

忻州"寻宝记" / 18

### 第12站 绝塞名山——恒山

恒山惊看悬空寺 / 23

登北岳顶 / 24

《徐霞客游记》精彩片段 / 26

徐霞客足下的恒山 / 27

大同"寻宝记" / 28

### 第13站 赣东北的母亲河——信江

病创发作 / 33

随船漂流长见闻 / 34

《徐霞客游记》精彩片段 / 36

徐霞客足下的信江 / 37

上饶"寻宝记" / 38

## 第14站 神秘的禁地——麻叶洞

闯秦洞遇水 / 43
麻叶洞探险 / 44
《徐霞客游记》精彩片段 / 46
徐霞客足下的麻叶洞 / 47
株洲"寻宝记" / 48

## 第15站 湖南第一大河流——湘江

船舱吟诗 / 53
湘江遇强盗 / 54
《徐霞客游记》精彩片段 / 56
徐霞客足下的湘江 / 57
衡阳"寻宝记" / 58

## 第16站 岭南第一奇观——七星岩

慕访七星岩 / 63
栖霞洞见地下河 / 64
《徐霞客游记》精彩片段 / 66
徐霞客足下的七星岩 / 67
桂林"寻宝记" / 68

## 第17站 百里画廊——漓江

漓江动静两相宜 / 73
漓江八景未赏完 / 74
《徐霞客游记》精彩片段 / 76
徐霞客足下的漓江 / 77
桂林"寻宝记" / 78

## 第18站 中国第一大瀑布——白水河瀑布

壮哉黄果树瀑布 / 83
不能喝的哑泉水 / 84
《徐霞客游记》精彩片段 / 86
徐霞客足下的黄果树瀑布 / 87
贵州"寻宝记" / 88

附：徐霞客生平大事记 / 90

第10站

# 中国道教圣地——
# 太和山

坐　标：湖北省十堰市丹江口市

主　峰：天柱峰

海　拔：1612.1米

气　候：亚热带季风气候

级　别：国家AAAAA级旅游景区

太和山，又名武当山，坐落于湖北十堰，宛如一颗璀璨的绿色明珠，镶嵌在华夏大地之上。这里层峦叠嶂，七十二峰如翠屏罗列，主峰天柱峰海拔1612.1米，一柱擎天，直插云霄，周围诸峰俯身颔首，恰似众星捧月，构成"七十二峰朝大顶"的磅礴奇观。山间怪石嶙峋，三十六岩形态各异，有的似猛兽蹲伏，有的如仙人指路。

作为道教名山，太和山的道观古迹遍布山林。紫霄宫庄严肃穆，飞檐斗拱间尽显岁月沉淀；南岩宫巧夺天工，镶嵌于绝壁之上，惊险又壮观。漫步其间，浓郁的道教文化扑面而来，仿佛能听见历史的回响。潺潺的二十四涧蜿蜒而过，为山林增添灵动之美。漫步山径，溪流相伴，鸟语花香，仿若踏入人间仙境，令人沉醉不知归路。

中国道教圣地——太和山

## 太和山见字碑

　　徐霞客一路辗转颠簸，从华山出发，途径多个州县，风尘仆仆地进入了湖北境内。天启三年（1623）三月十二日，他登上了火龙岭，下岭后沿着溪流走出峡谷，一路急行几十里来到红粉渡。到了这里，徐霞客看到汉水浩浩荡荡从西边奔涌而来，他沿着汉水一路往东走，到达均州。他寻得一处住所，放好行李后打算休息一下，明天一早再登山。

　　到了十三日清晨，徐霞客骑马向南急行三十里，越过一座石桥，就看见迎恩宫。宫门正西边，有宋代大书法家米芾（fú）所书"第一山"三个大字的石碑，他的书法笔走龙蛇，看着让人赏心悦目。

太和山上植被繁茂，树木种类繁多，看上去郁郁葱葱。太和山简直就是一个绿色的海洋，徐霞客心里不禁舒畅非常，情不自禁地哼起了小曲儿。

他一路艰难攀爬，穿过南岩的南天门。

## 幸得榔梅果

徐霞客一路翻山越岭，来到榔仙祠拜谒。在榔仙祠附近，有一棵巨大的榔梅树，枝干十分高大，看上去枝繁叶茂，像一个巨大的华盖，高高耸立在高山之巅。

这棵树非常神奇，竟然一点儿树皮也没有，树上没发一个嫩芽。它的周围生长着很多榔梅树，树身都十分高大挺拔。

关于榔梅树，还有一个带一点儿神话色彩的传说。相传真武大帝当年在太和山修道时，意志不够坚定，中途打算放弃，下山回家去过普通人的安逸日子。他走到半路上，碰到一个白发苍苍的老婆婆，老婆婆拿着一个大铁棒，在溪边石头上磨针，以此来点化他做事要有耐心，要持之以恒。

真武大帝看到老婆婆的举动，若有所思，便转头回山上继续修行。他折了一根梅树枝，插在榔树上，信誓旦旦地说，如果自己能修炼成神，这棵树就会开花结果。

真武大帝经过苦心修行，最终飞升成神，这棵树也果然开花结果。因为它是真武大帝用梅树和榔树嫁接而成的，所以被称为榔梅。

后来，明成祖朱棣听说榔梅树突然开花结果，以为是真武大帝显灵，便下令在这里修建了榔梅祠。

也就是从这时起，榔梅成了皇帝的御用珍果。一些皇亲国戚知道有这种稀罕果,也都想弄些来尝尝,可是这榔梅产量很低,于是便不准老百姓私自采摘,否则就会被治罪。

徐霞客也想尝尝这榔梅果啥味,他想尽了办法,好不容易弄到几个果子,偷偷藏进行李里,打算拿回家让老娘也尝尝鲜。

徐霞客得到榔梅果,又在太和山考察一番,他发现这里的植被保护得很好,漫山遍野都是葱葱郁郁的森林。徐霞客写日记的时候,特意提到了这一点,这也算是太和山的一大特色。

## 《徐霞客游记》精彩片段

路虽陡峻,而石级既整,栏索钩连,不似华山悬空飞度也。太和宫在三天门内。日将晡①,竭力造金顶,所谓天柱峰也。山顶众峰,皆如覆钟峙鼎,离离攒立;天柱中悬,独出众峰之表,四旁崭绝。峰顶平处,纵横止及寻丈。金殿②峙其上,中奉玄帝及四将,炉案俱具,悉以金为之。督以一千户、一提点③,需索香金,不啻御夺。

### 注释

①晡(bū):申时,即午后三点至五点。通常指黄昏。
②金殿:金殿建在天柱峰顶,俗称金顶,为永乐十四年(1416)建。共三间,包括其中神像、几案、供器,全为铜铸鎏金,仿木结构,分件铸造装配。为我国古建筑中的珍品,全国重点文物保护单位。殿下山腰有绕石城一周的紫金城,开四门。
③千户:金初置,为世袭武官,元、明相沿。提点:宋、元以来所设的官名,寓有提举、检点之意。明代有神乐观提点,管理道士。清代废。

### 译文

道路虽然陡峻,但石阶既平整,又有栏杆上的铁链互相连接在一起,不像在华山上是悬在空中飞度过去了。太和宫在三天门内。时光将近黄昏,竭尽全力登上金顶,就是所谓的天柱峰了。在山顶上俯瞰众多的山峰,全都像倒覆的铜钟、矗立的铜鼎,一排排地攒聚矗立着;天柱峰高悬在中央,独自超出群峰之外,四旁崭然险绝。峰顶平坦的地方,纵横都只有一丈见方。金殿屹立在峰顶上,殿中供奉着真武大帝及四员天将,香炉几案都很齐全,全部是用黄金制成的。(其实是鎏金的)朝廷派了一个千户、一个提点来监督,勒索香火钱,这无异于是以皇帝的名义掠夺。

中国道教圣地——太和山

## 徐霞客足下的武当山

武当山位于湖北省十堰市丹江口市境内,东接襄阳市谷城县,西靠汽车城十堰市区,南依世界自然遗产神农架,北临南水北调中线源头丹江口水库。

武当山高峰林立,山体四周低下,中央呈块状突起,多由古生代千枚岩、板岩和片岩构成,局部有花岗岩。岩层节理发育,并有沿旧断层线不断上升的迹象,形成许多悬崖峭壁的断层崖地貌。

武当山有758种植物,有水杉、珙(gǒng)桐、银杏等珍稀名贵树木。其中,南岩老虎岩前的一株银杏树,胸径1.35米,高约20米,树龄600年以上,被誉为"武当银杏之王"。茂密的山林里,还穿梭着豹、猕猴、林麝、豺等国家珍稀保护动物,是一个天然的动物王国。

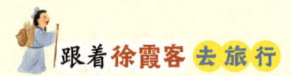
跟着 徐霞客 去旅行

# 丹江口"寻宝记"

　　丹江口市有着2200余年的悠久历史，春秋时属麋国，战国时属韩楚两国，秦代设武当县，隋朝改称均州。均州古城20世纪60—70年代修建丹江口水利枢纽时全部淹没，新城迁至现址，因地处丹江汇入汉江的入口处而得名。那么，在这片古老的土地上，都有什么宝贝呢，我们一起去看看吧！

## ❶ 丹江口水库

丹江口水库位于汉江中上游，库区主要分布于湖北省丹江口市和河南省淅川县境内，属多年调节型水库，是亚洲第一大人工淡水湖、国家南水北调中线工程水源地、国家一级水源保护区，被誉为"亚洲天池"。

武当山宫观道乐　　银鱼炒蛋　　武当神戏

## ❷ 丹江口国家森林公园

丹江口国家森林公园，位于南水北调中线工程水源地——丹江口库区湖北沿岸，山水相依，环境优美；公园以江水之隔分为江南牛河核心区和江北太极峡核心区。

中国道教圣地——太和山

### ❸ 武当武术

武当武术,诞生于湖北省十堰市的武术流派,因张三丰创建于武当山而得名,国家级非物质文化遗产之一。

吕家河民歌

清蒸翘嘴鲌(bó)

武当山庙会

### ❹ 净乐宫

这一道教宫观原位于湖北省丹江口市武当山北麓,因修建水库迁于丹江口市区,为武当山九宫之首。朱棣曾御赐"元天净乐宫"匾额。据说,这里是真武大帝临凡降生地。这里建筑众多,有二圣殿、真宫祠、方丈堂等。

### ❺ 太极峡

太极峡位于湖北省丹江口市石鼓镇,在南水北调中线源头丹江口水库近旁。这里是全省唯一丹霞地貌地质公园,溶洞数量有10多个,传说是武当山玄天真武大帝修炼的地方。景点众多,有双龙峡、登龙山等。

第11站

# 中华十大名山之一
## ——五台山

坐　标：山西省忻（xīn）州市
主　峰：北台顶
海　拔：3061.1米
气　候：温带季风气候
级　别：国家AAAAA级旅游景区，被列入《世界遗产名录》

　　五台山，静卧于山西忻州大地，是天地精心雕琢的神圣净土。这里五峰耸立，东台望海峰可观日出云海，西台挂月峰似有明月常挂，南台锦绣峰繁花似锦，北台叶斗峰雄伟险峻，中台翠岩峰神秘幽静。

　　山间古刹林立，红墙黛瓦掩映在苍松翠柏之中，晨钟暮鼓回荡在山谷之间。漫步其中，仿佛置身于佛国仙境，既能领略到大自然的壮美风光，又能感受到深厚的佛教文化底蕴，让人心灵得到洗礼与净化，流连忘返。

## 远观五台山

徐霞客见识了武当山的雄伟壮阔后,心里依然对各地的名山大川充满了无尽的向往。

终于,在崇祯六年(1633)七月的一天,他开始一路往西走,动身前往五台山游玩。当时徐霞客从北京出发,在到达山西前,他穿过太行山北段时,领略到了太行山的魅力。

八百里太行延绵不绝,极目远眺,到处都是起伏的山峦,看上去高耸入云,分外壮观。

徐霞客可谓大饱眼福,他一边走一边看,太行山不仅山势挺拔,还有很多瀑布。由于当时天气干旱缺水,瀑布的痕迹仍然留在削坳之间。在离涧底二三尺的地方,泉水从坳间的小孔中涌出,往下汇聚成溪流。

爬上鞍子岭,在岭上眺望四周,北面的山峦辽阔悠远,东北和西北方向的高山层层叠叠,像是一个个直插云霄的巨人。

正北方离这里四十里，便是龙泉关。徐霞客顺着溪水向北走，不久就翻过峡谷，越过一座山岭，来到了龙泉关，见到了盘旋在崇山峻岭之间像巨龙一样的长城，看上去格外壮观，徐霞客自然要登上长城去看看。

这里虽然离五台山很近了，但徐霞客仍看不到五台山的影子。他随即又走了几天，才在一个晴朗的天气里，远远望见五台山的轮廓。

为什么叫五台山呢？自然是因为它有东、西、南、北、中五个像平台一样的山顶。徐霞客远远看去，这五座大山错落有致，看上去颇为壮观，他不由得加快了脚步。

## 五台山似手掌

徐霞客一路颠簸，来到了清凉寺。他累得双腿发软，于是打算先在这里休息一下。寺里有一块清凉石，其形状恰似一个大大的蘑菇，模样十分奇特。这块石头上面能站很多人，下面却是一个很细的石脖子。

徐霞客细细观赏一番后，便继续往前走，来到了马跑泉。徐霞客通过仔细观察，发现这眼泉隐藏于一个小小的缝隙里，泉水不断地从这里汩汩流出。

徐霞客探明情况后，很快又上路了，一口气跑到了化度桥。这里正对面有一座高耸入云的山峰，山峰两侧清泉淙淙流淌，是一个清幽雅致的好地方。

徐霞客自然要在这里观赏一番。不久，他又越过山峰右涧上的桥，沿着山路向西走了十里，登上了西台顶。此时阳光正盛，太阳的光线辉映在群峰之上，山间呈现出美好的姿态和奇异的风貌。

徐霞客又去了维摩阁。阁下立着两块石头，长短各异，阁楼就建在这两块石头上,用长短不一的柱子支撑,十分坚固。它的正中间是万佛阁,里面收藏着近万尊佛像。这些佛像形态各异,一个个看起来惟妙惟肖。

徐霞客观察得很细致,发现它们竟然是用檀香木雕刻而成的,心里便觉得这些佛像更加珍贵了。徐霞客继续向前走,终于爬上了五台山的顶峰。他站在高处往下看,五台山的全貌马上就看清了。只见这座大山里,耸立起的五个平坦的山顶,是五个巨大的平台,仔细看的时候,就像朝着天空伸开的一个巨大的手掌。

据说,这里是文殊菩萨的道场,如果展开想象,我们的脑海中仿佛浮现一个画面:文殊菩萨伸出一根手指指向天空,仿佛在向天地朝拜。

当然,这些只是人类的想象。尽管只是想象,五台山却呈现出了与众不同的诗情画意。

## 跟着 徐霞客 去旅行

### 《徐霞客游记》精彩片段

又十里,登西台之顶。日映诸峰,一一献态呈奇。其西面,近则闭魔岩,远则雁门关,历历可俯而挈也。闭魔岩在四十里外,山皆陡崖盘亘,层累而上,为此中奇处。入叩佛龛,即从台北下,三里,为八功德水。寺北面,左为维摩①阁,阁下二石耸起,阁架于上,阁柱长短,随石参差,有竟不用柱者。其中为万佛阁,佛俱金碧旃檀②,罗列辉映,不啻万尊。前有阁二重,俱三层,其周庐环阁亦三层,中架复道③,往来空中。当此万山艰阻,非神力不能运此。

### 注释

①维摩:人名,梵文音译的略称,意为"净名"或"无垢称"。佛经中说他是释迦牟尼同时代的人,有辩才。
②旃(zhān)檀:檀香,梵语译作栴(zhān)檀。
③复道:高楼之间或山岩险要处架空的通道。因上下皆有道,故称复道。

### 译文

又行十里,登上西台的绝顶。红日映照着群峰,一一呈献出奇异的姿态。西台的西面,近处是闭魔岩,远处是雁门关,历历在目,好像可以俯身就触摸到了。闭魔岩在四十里开外,山上全是陡峭的悬崖盘曲绵亘着,一层层地叠累上去,是这座山中景致奇特的地方。进寺去叩拜了佛像,随即从西台北边下走,三里,是八功德水。寺院的北面,左边是维摩阁,维摩阁下有两块岩石耸起,维摩阁架在岩石上,维摩阁的柱子长短不一,随着石头的高低而参差不齐,有的地方竟然不用柱子。寺院中间是万佛阁,佛像都是檀香木制的,金碧辉煌,层层排列,互相辉映,不下一万尊。前边有两重楼阁,都是三层高,庭院四周环绕的房屋楼阁也是三层的,房屋楼阁之间建有架空的上下层通道,人往来于空中。在这样艰难险阻的万山丛中,不是神力是不能把这些建筑材料运到这里的。

## 徐霞客足下的五台山

五台山景区面积607平方千米，行政管辖面积436平方千米。它风景秀美，是中国佛教的四大名山之一，被列为中华十大名山之一、世界文化遗产，2007年被评为国家AAAAA级旅游景区。

五台山由一系列山峰组成，其中有5座高峰顶端平坦如台，所以取名为五台山。这里山上气候严寒，即使在盛夏时节也不见炎暑，所以又称为清凉山。

这里地貌奇特，地层完整丰富，自然资源丰富，共有植物100科、386属、661种。其中，草本植物501种，木本植物160种。低等植物中的藻类有地皮菜可供食用，绿藻可作饲料；菌类有木耳、蘑菇、马勃、猪苓、茯苓，均可入药，木耳、蘑菇又是山珍佳肴。高等植物中的蕨类有瓦松、卷柏、银粉、背蕨等；其余高等植物分牧草、森林、果木、药材、花卉等。

这里还是野生动物的乐园，石貂、豹、狐狸、獾、黄鼠、山羊、野猪等动物在山林里繁衍生息，给五台山带来了无限的生机和活力。

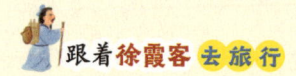
跟着 徐霞客 去旅行

# 忻州"寻宝记"

忻州，简称忻，古称秀容。其历史源远流长。春秋时期隶属于晋国，战国属赵；秦、汉为太原郡、雁门郡辖县；唐朝设代州、忻州，直到明代。明代归太原府，清代又分代州、忻州，2001年改忻州市。它是一个非常古老的城市。那么，在这里会有什么特别的宝贝呢，我们一起去看看吧！

## ❶ 雁门关

雁门关，位于山西省忻州市代县县城以北约13千米处的雁门山中，是长城上的重要关隘，"外三关"之一，以险著称，被誉为"中华第一关"，有"天下九塞，雁门为首"之说。

国家AAAAA级旅游景区

五台山佛乐

剪纸

核雕

## ❷ 宁武关

宁武关是外三关之一，地处晋北楼烦（古部落名）故地。战国时，赵武灵王曾在此置楼烦关，以防匈奴。秦汉为楼烦具地，置有楼烦关。明代建宁武关，现存鼓楼一座和部分城墙。

中华十大名山之一——五台山

### ❸ 偏头关

偏头关，位于偏关县偏关河边，与宁武关、雁门关合称"外三关"。偏头关东连丫角山，西濒黄河，因东仰西伏，故名偏头。现存关城为明洪武十三年（1380）所建，明宣德、天顺、弘治元年、嘉靖六年、隆庆年间均有修建。

崞（guō）阳麻叶

葫芦烙画

莜面栲栳栳（kǎo lǎo lao）

### ❹ 忻州古城

忻州古城位于山西省忻州市，始建于东汉建安时期，现有城池修建于明朝万历时期。忻州古城为晋北传统四合院格局，从平面看为椭圆形，就像一头卧着的牛，所以被叫作卧牛城。这里易守难攻，历来为兵家必争之地，有"晋北锁钥"的称号。

### ❺ 静乐天柱山

静乐天柱山，海拔1463米。它是《中国名胜词典》收录的名山，和安徽天柱山南北遥望，共称南北天柱。天柱山作为三教同奉的名山，山形甚是奇特，主峰宛如蟠桃。其主峰两侧，青龙白虎相伴，中峰凸起似龙头。

# 绝塞名山——

# 恒山

坐　标：山西省大同市

主　峰：天峰岭

海　拔：2016.1米

气　候：大陆性季风气候

级　别：首批"国家级重点风景名胜区"之一，国家AAAA级旅游景区

跟着**徐霞客**去旅行

  恒山，巍峨屹立于山西省大同市浑源县城南，它是五岳之北岳，亦是大自然与历史合力创作的雄浑诗篇。

  其山脉蜿蜒，东西绵延五百余里，一百零八峰似翠屏罗列，各展风姿。主峰天峰岭海拔2016.1米，高耸入云，气势磅礴，如擎天之柱，撑起北国苍穹，尽显"人天北柱""绝塞名山"的豪迈气魄。站在峰巅，极目远眺，云海翻涌，山峦若隐若现，壮阔之景，令人心潮澎湃。

  恒山历史底蕴深厚，传说四千多年前，舜帝巡狩至此，见其山势巍峨，封其为北岳，自此开启辉煌篇章。北魏时期，道教兴盛，诸多宫观庙宇于山间错落而立，历经岁月打磨，留存至今，承载着千年的信仰与文化。

  这里景观丰富。悬空寺凌空飞架于峭壁，以"奇、悬、巧"令人称奇，是建筑史上的奇迹；果老岭、姑嫂岩等景点，充满传奇色彩，为恒山添一抹神秘。恒山四季如画，春时繁花似锦，夏来松涛阵阵，秋至层林尽染，冬临银装素裹，每个时节都有独特魅力，吸引着人们前来领略它的壮美。

## 恒山惊看悬空寺

徐霞客游览过五台山,来到繁峙县。他翻过了一道道山峦,来到浑源州。崇祯六年八月初十日他沿着南来的沟涧往北走了三里,而后,逆着西来的沟涧深入其中,再从北来的沟涧西面奋力登上山岭。

徐霞客的脚步从未停歇,他就这样一路翻山越岭,仿佛不知疲倦。在旅途之中,他看到了一条大路向着西北方向延伸而去。这条大路可不简单,它就像一条纽带,能够直接通往恒山的山麓。徐霞客毫不犹豫地顺着这条大路前行。在距离恒山十里的时候,一幅壮观的景象映入他的眼帘:恒山两边的山峰如同巨人般横亘(gèn)对峙,路上的车马来来往往,络绎不绝。

徐霞客继续向前走,来到了恒山脚下。只见这里两边的崖壁高高耸立,就像两道天然的屏障。一条清澈的溪水从中缓缓流过,在幽深的

峡谷中穿梭。那路面十分狭窄，小溪蜿蜒曲折地流淌着，崖壁也是高低起伏，给徐霞客带来一种幽邃寂寥的感觉。这里就是号称"北方之岳"的恒山，它的山势雄伟壮观，令人心生敬畏。那些石壁更是独特，色彩斑斓，恰似一幅幅天然生成的精美壁画。

徐霞客沿着崖壁小心翼翼地转过几道弯，发现峡谷变得越发狭窄，而崖壁也越来越高，仿佛要直插云霄。在西边崖壁的半山腰处，层层叠叠的楼阁高悬在空中，那些建在高处的殿宇斜靠着山崖，远远望去，就像是海市蜃楼中的亭台楼阁一般重重叠叠，这便是举世闻名的悬空寺了。徐霞客早就听闻悬空寺的大名，心中充满了好奇与向往。他鼓足了勇气，决定独自攀登这座神奇的建筑。他走进寺里，只见楼阁高低错落有致，围着栏杆的道路弯弯曲曲。那崖壁陡峭险峻得让人不禁倒吸一口凉气，这一切简直就是人间少有的奇观，徐霞客被眼前的景象深深地震撼了。

## 登北岳顶

徐霞客在悬空寺驻足，细致地参观了许久。之后，他便从悬空寺下来，此地距离北岳顶还很远，徐霞客觉得过于奔波也有些劳累了，于是在当地找了一户人家借宿。他打算养足精神，次日再登北岳顶。

第二天清晨，天空澄碧如洗，就像一块湛蓝的宝石。徐霞客心中十分高兴，这样的好天气简直就是上天赐予他登山的最佳时机。他紧紧地握着手杖，开始攀登北岳。

恒山北边的每座山峰都高耸入云，陡峭险峻。徐霞客艰难地向前走着，他发现山上全是裸露的煤炭。

他又继续前行了一段路，发现周围的土石都变成了红色，四周长满了身姿挺拔的松树。来到虎风口后,石头路变得曲折盘旋,就像一条蜿蜒的长蛇。徐霞客毫不畏惧,继续坚定地向前走。不久,他就看见了一个大牌坊,上面赫然写着"朔方第一山"五个大字。

很快,徐霞客就来到了北岳殿。北岳殿靠着绝壁,下连官署,前面的石头台阶直通云天。他又来到了会仙台石窟前,看到石窟中众仙的塑像,心中满是敬畏。在这里,他正式登上了绝顶。徐霞客站在山顶,极目远眺,心中满是喜悦之情。他看到了远方连绵的山脉,看到了山下渺小的村庄,这种站在高处俯瞰一切的感觉让他兴奋不已。尽情享受了这美妙的时刻之后,他才缓缓下山,走回浑源州。

徐霞客游完恒山之后,身体确实感到有些疲惫了。他打算回到家中好好休息一阵子,等休息好之后,再做下一步出游的计划。

## 《徐霞客游记》精彩片段

　　三转，峡愈隘，崖愈高。西崖之半，层楼高悬，曲榭斜倚，望之如蜃吐重台①者，悬空寺②也。五台北壑亦有悬空寺，拟此未能具体③。仰之神飞，鼓勇独登。入则楼阁高下，槛路屈曲。崖既蠹削，为天下巨观，而寺之点缀，兼能尽胜。依岩结构，而不为岩石累者，仅此。而僧寮④位置适序，凡客坐禅龛，明窗暖榻，寻丈之间，肃然中雅。

### 注释

①蜃（shèn）吐重台：蜃即蛤蜊，古人误认为大蜃能吐气为楼台，故称蜃气。
②悬空寺：始建于北魏，具有独特的建筑风格，一直保存到现在。在浑源县城南5千米处，浑源县城至恒山的途中。从半山崖上用木柱支撑建起楼阁，仿佛悬在空中。高低错落的殿宇再用栈道或天桥连结，给人以迷宫仙境般的感觉。
③拟此未能具体：与恒山这个悬空寺相比，还不算齐备。拟，摹拟，比拟。具体，事物的各个组成部分都齐备。
④僧寮（liáo）：僧舍、僧房。

### 译文

　　转了三个弯，峡谷更狭窄了，山崖也更高了。西面山崖的半山腰，一层层楼阁高悬着，曲折的台榭斜靠着山崖，望过去像海市蜃楼中层层叠叠的楼台，这是悬空寺了。五台山北面的壑谷中也有座悬空寺，与这里的悬空寺相比还不算齐备。仰面看着悬空寺，神魂飞舞，鼓足勇气独自一人上登。进寺后就见楼阁高高低低的，围着栏杆的路弯弯曲曲的。崖壁蠹立陡削，就已是天下的奇观，而且有佛寺的点缀，两者都能尽显它们的优美之处。紧靠着岩石建造楼阁，却不被岩石拖累的，仅有此处。而且僧房的位置排列次序适当，凡是客房和坐禅的佛堂，窗户明亮，卧床温暖，一丈见方的屋子内，肃穆庄严，典雅大方。

## 徐霞客足下的恒山

恒山风景名胜区始于太行山，横跨塞外，东连燕山，西跨雁门，南障三晋，北瞰云代，东西绵延五百里，是海河支流桑干河与滹沱（hū tuó）河的分水岭。恒山东西绵延150千米，横跨山西、河北两省。它莽莽苍苍，横亘塞上，巍峨耸峙，气势雄伟。

恒山生态资源丰富，植物茂盛，林木苍翠，这里生长着多种名贵的中药材。生活在这里的野生动物有60多种，其中一级保护动物有豹、黑鹳、金雕、原麝等。

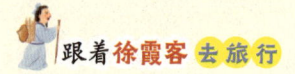
跟着 徐霞客 去旅行

# 大同"寻宝记"

大同，战国时期初为代国，后并入赵地。秦汉时属雁门郡、代郡，并有"平城"之名。北魏时成为都城。北周灭齐后，称此地为云中县，唐时置大同节度使。金时大同为西京。1912年为大同县。1949年5月1日，大同和平解放，成立大同市。大同历史悠久，我们在这里能找到什么宝贝呢？

## ❶ 云冈石窟

云冈石窟是世界文化遗产、国家AAAAA级景区、首批全国重点文物保护单位。云冈石窟是世界闻名的石雕艺术宝库之一，是中国最大规模的石窟群。云冈石窟始建于460年，由当时的佛教高僧昙曜（yào）奉旨开凿。

云冈舞

盘山石窟

大同长城

## ❷ 悬空寺

悬空寺建成于1400年前的北魏后期，是中国著名的佛、道、儒三教合一的独特寺庙，是世界上现存最早的建于悬崖绝壁上的木结构建筑群。

绝塞名山——恒山

### ❸ 华严寺

华严寺位于大同市大西街，因佛教华严宗而得名，寺内有辽代的薄伽教藏殿和金代的大雄宝殿，以及诸多彩塑，具有极高的文物价值和艺术价值。

鲁班窑石窟

灵丘县草编

大同刀削面

### ❹ 大同古城

大同古城位于山西省大同市平城区。其历史悠久，早在北魏拓跋氏建都时，就筑有大型城池。此地为京畿（jī）要地，军事价值极高。明朝初年，徐达在旧城基础上增筑，城墙变得坚固且险峻，防御设施也一应俱全。2008年，大同开展古城保护工程，古城墙得以修复。

### ❺ 大同火山群

大同火山群为第四纪火山群。有30多座火山，分布在山西省大同市云州区和阳高县境内。这些火山均为死火山，在一座火山上还残存着明代烽火台。

第 13 站

# 赣东北的母亲河——

## 信江

坐　　标：江西省上饶市

水　　系：鄱阳湖水系五大河流之一

气　　候：亚热带季风气候

干流全长：313千米

跟着徐霞客去旅行

信江,赣东北的母亲河,源自浙赣交界的怀玉山脉与武夷北麓,西流入鄱阳湖,滋养19个县市区。

两岸丹霞奇峰林立,龙虎山"仙女献花"、龟峰"老人峰"鬼斧神工,构成世界自然遗产的瑰丽画卷。春有花海映村郭,秋现千鹤舞鄱湖,四季皆景。

铅(yán)山河口"八省通衢",贵溪茨坪(bó)弄铜史悠久,龙虎山天师府承千年道脉,界牌鱼道护珍稀物种,康山湿地成候鸟家园,鹰潭滨江长廊绘"水城中流"之景。

这条流淌着丹霞风骨与古镇烟火的河流,以山水为墨、人文为魂,在赣鄱大地勾勒出人与自然共生的壮美长卷。

## 病创发作

崇祯九年（1636）十月十七日，天还未全亮，鸡刚打鸣，徐霞客便起床吃早饭。待鸡叫第二遍时，徐霞客便踏上了旅程，几经辗转，他才从浙江进入江西境内。

徐霞客来到玉山县城船舶下水的码头。这里的河道可供行船，不过河水浅没有大船可乘。无奈之下，他只能找一艘去府城的小船，请求船夫即刻开船。小船摇摇晃晃行了二十多里，天就完全黑了。船夫借着月色摇动船桨，又行了八十多里，最后停泊在广信县城南门外。

跟着徐霞客去旅行

十八日早上起来，徐霞客仍坐那艘小船前往铅山县河口。徐霞客原本打算从广信游览灵山，他早就听说灵山北山寺很兴盛，想去看一看。不料，他身上突然生了脓疮，行动变得很艰难。于是，他便让船夫开船，往西南航行三十里。途中，他远远看到有座像馒头一样的山峰，询问船夫才得知，这山名叫仙来山。

徐霞客本来打算在船上好好欣赏一番仙来山的美景，不料此处地势偏低，船在水中顺着水流方向飞速行进。他还没来得及细看，船就一晃而过，将仙来山逐渐抛在身后了，实在是有些可惜。

徐霞客不禁感叹，心里难免泛起一丝遗憾。

## 随船漂流长见闻

船家沿着水流的方向，继续放任船向前漂流。从仙来山到雷打石，方圆二十里以内，两岸伫立着石山，它们紧密地分布在溪流的左右两侧。

这里的石山很有特点，一座座看着好似翻扣的锅、卧在地上的伏牛，无论它们是断开还是相连，都显得十分自然。这里的山不仅形态奇特，充满空灵之感，而且表面平滑无褶皱。更为奇特的是，山上甚至连草和树木都不生长，看上去光秃秃的。

当船只驶至石山断裂处，映入眼帘的是一片夹杂着泥沙的土地。霜的洁白和枫叶的火红交织在一起，掩映着静谧的村舍，构成了一幅美丽的画卷。石头缝隙像是经过特意点缀一般，这与徐霞客之前看过的山一点儿也不一样，别有一番风味。

船向前又行进二十里,徐霞客远远眺望,看见了鹅峰。它尖削陡峭地耸立在天地之间,看上去挺拔雄壮。徐霞客来过这里,一眨眼二十年过去了。

岁月流逝,江山依旧,徐霞客的心里不禁泛起些许伤感。他还没缓过神,船便向前飞速行驶了二十里,来到了铅山县河口。

此刻,夕阳已经落山,天马上就要黑了。徐霞客回想自己虽然因脓疮发作不能亲自登山远行,但是这种坐船漂流、远远欣赏山间美景的经历,也是一种独特的体验。远观虽然只能观其大概,但视野更加宽阔,能看到很多不一样的东西,增长不少见闻。

在夕阳的余晖下,徐霞客心满意足地上了岸,收获满满。

# 跟着徐霞客去旅行

## 《徐霞客游记》精彩片段

十八日,至铅山河口,初拟由广信北游灵山。且闻其地北山寺丛林①甚盛,阻病创而止。西南下三十里,有峰圆亘②,名曰仙来山。舟过时卧未起,及经二十里潭至马鞍山下,回望见之,已不及矣。自仙来至雷打石,凡二十里,石山介③溪左右,俱如伏牛覆釜④,不特⑤形绝⑥崆峒⑦,并无波皱纹,至纤土寸茎,亦不能受。或山断沙回,霜痕树色,出村庐石隙中。

### 注释

①丛林:指佛教禅宗寺院。
②亘:连绵。
③介:划定范围,今作"界"。这里指石山两岸夹溪。
④釜:古时一种炊具,类似于锅。
⑤不特:不但。
⑥绝:极端的。
⑦崆峒(kōng tóng):山势高峻的样子。

### 译文

十八日,去往铅山河口。开始计划从广信出发北上游览灵山。我听说那里的北山寺非常壮丽,但是突然生疮而没有成行。我乘船向西南顺流而下三十里,看到有一座山体浑圆的山绵延而来,名叫仙来山。船路过仙来山的时候,我躺在舱中休息,经过二十里潭,到了马鞍山下,回头看到仙来山,已经离开很远,无法看清了。从仙来山到雷打石,二十里水路,两岸石山相夹,有的像伏牛,有的像倒扣的锅。它们不仅山势险峻,而且表面光滑,甚至没有土壤和植被。山断开、河沙淤积的地方,白霜和树色掩映,小村就坐落在山石的缝隙里。

赣东北的母亲河——信江

## 徐霞客足下的信江

信江是鄱阳湖水系五大河流之一，发源于浙赣两省交界处怀玉山南的玉山水和福建武夷山北麓的丰溪水，在上饶汇合后始称信江。

信江，古称余水，又称信河，位于江西省东北部。信江流域面积广阔，东南高西北低。江水流经福建、浙江、江西三省，最终在上饶市、南昌市之间汇入鄱阳湖。

信江因流经江西省古信州府治而得名。信江流域中有三清山、龙虎山、龟峰等旅游景点。

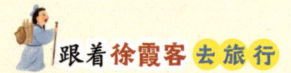

# 上饶"寻宝记"

上饶古为吴、越、楚交界处，东汉建安年间，分豫章郡设鄱阳郡并设上饶县。唐代属饶州，元朝分属信州路、铅山州，明清属广信府。近现代建置多有变更，2000年改称上饶市。上饶市是道教的发祥地之一，这里人杰地灵，是朱熹、詹天佑、方志敏的故乡，辛弃疾也曾长期在此居住。那么，这里都有些什么宝贝呢？

## ❶ 鄱阳湖大闸蟹

鄱阳湖大闸蟹，泛指产自江西上饶鄱阳湖水系的大闸蟹，鄱阳湖大闸蟹以青背、白肚、金爪、黄毛为显著特点，以其大、肥、鲜、甜而闻名于世。

婺（wù）源傩（nuó）舞

婺源三雕

上饶集中营旧址

## ❷ 弋阳腔

弋阳腔是汉族戏曲声腔之一，简称弋腔，它源于南戏，产生于弋阳，形成于元末明初，由宋元南戏在信州弋阳与当地赣语、汉族民间音乐结合，并吸收北曲演变而成。

赣东北的母亲河——信江

### ❸ 信江书院

信江书院创建于清康熙三十三年（1694），原名"曲江书院"。乾隆八年（1743），人们在后山建楼阁祭祀朱熹，并且将书院改名为"紫阳书院"，到了乾隆四十六年（1781）始称"信江书院"。

酒糟鱼

玉壶春瓶

弋阳年糕

### ❹ 三清山

三清山，亦名少华山、丫山，地处中国江西省上饶市玉山县与德兴市交界处。它因玉京、玉虚、玉华三峰如同道教玉清、上清、太清三位尊神坐于山巅而得名，为道教名山。这里的玉京峰最高，海拔达1819.9米。为怀玉山脉最高峰、信江的源头。三清山为世界已知的花岗岩地貌分布最密集、形态最多样的地方。

### ❺ 婺源宗祠

婺源宗祠位于江西省上饶市婺源县。这里是宗族祭祀祖先之处，被视为宗族的象征。婺源宗祠包括篁（huáng）村余氏宗祠、阳春方氏宗祠、汪口俞氏宗祠等七处。其形制、规模和建筑艺术是徽派建筑典范，承载宗族文化，极具历史、艺术价值。

第14站

# 神秘的禁地——

# 麻叶洞

坐 标：湖南省株洲市茶陵县
气 候：亚热带季风气候
族 谱：茶陵县"秦人三洞"之一
特 点：洞内狭窄，不易进入

跟着 **徐霞客** 去旅行

麻叶洞,藏于湖南茶陵的幽壑深处,是徐霞客笔下"不避风雨,不悍虎狼"也要探寻的秘境。洞口隐于茂林修竹间,如大地微启的唇齿,吐纳着亿万年时光沉淀的清冽气息。踏入洞中,仿佛闯入一座璀璨的水晶宫——钟乳石如珊瑚倒悬,石笋似玉柱擎天,在幽蓝的光影里,有的如"仙人晾纱"轻盈垂落,有的似"灵龟探海"栩栩如生,滴滴岩露落于深潭,荡起层层涟漪,与暗河潺潺的私语交织成自然的乐章。

洞径忽狭忽阔,时而需俯身穿过"一线天"的石隙,时而可仰观穹顶"银河"般的石幔垂挂。徐霞客当年手持火炬踏险的足迹,早已化作岩壁上斑驳的苔痕,却让这处"非仙灵所栖"的溶洞更添人文温度。当最后一缕微光消失于转角,洞深处的静谧与奇幻恍若时空褶皱,让人在惊叹喀斯特地貌鬼斧神工的同时,也读懂了古人"寻幽探秘"的赤子之心。

麻叶洞,是大地写给人间的情书,每一道石纹都在诉说时光的温柔与坚韧。

## 闯秦洞遇水

崇祯九年九月十九日,年近五旬的徐霞客,带着随行的仆人顾行和王二,还有静闻和尚,一行四人开始了万里遐征的艰难旅途。因为每日赶路太辛苦,走到浙江的时候,王二找了个机会,偷偷离去了。

这时,陪在徐霞客身边的只有顾行和静闻和尚。徐霞客带着二人继续前行,在崇祯十年(1637)正月十一日,三人正式进入湖南境内,并来到茶陵州和攸县。在茶陵,他们了解到该地有"秦人三洞",徐霞客便想去探险。

所谓的秦人三洞,分别是:秦人洞、上清洞、麻叶洞。它们景色各异。徐霞客先去探秦人洞和上清洞,无奈洞内聚了很多水,汇成了很多大大小小的水潭,徐霞客无法深入,便只好作罢。

徐霞客便设法去探麻叶洞，当地的百姓劝阻徐霞客，说洞里住着一条神龙，当地人都不敢进去。徐霞客听后，在强烈好奇心的驱使下，毅然决定勇闯麻叶洞。

从来没有人进入麻叶洞，徐霞客更坚定了自己的决心，他要做勇探麻叶洞的第一人。

## 麻叶洞探险

徐霞客在当地人的带领下，来到山崖下一个狭小的洞口前。这便是让当地人谈之色变的麻叶洞，当地的山民都不敢进入。然而，初见之后，徐霞客却有点儿失望。洞口这么小，明显与它的名声不匹配。这与普通的山洞也没什么区别，如果不是当地人领路，根本就发现不了。

徐霞客想让当地人带路，却没人愿意与他同行。徐霞客只好花钱雇了一个向导，没想到那个向导也很害怕，临进麻叶洞的时候，因为恐惧退了钱逃走了。

徐霞客只好举着火把，带着自己的仆人进麻叶洞探险。当地人都知道有个呆头呆脑的读书人，要冒险勇闯麻叶洞，纷纷过来看热闹。

眼看着徐霞客举起火把走进洞口，围观的百姓纷纷开始议论，说这两个外乡人真是不知天高地厚，这种行为无异于自寻死路。

徐霞客听见了他们的话，并没有理会，举起火把继续往洞里走。随着他们一步步深入，徐霞客发现，麻叶洞不仅很深，而且七弯八拐，地形格外复杂，一不小心就会迷路。

他们越往洞里走，洞内的空间越逼仄。他们只好俯下身子，弓着背像蚯蚓一样往里面爬行。

好不容易爬过了那段山洞，里面又出现一个廊道，旁边还出现一个岔洞。他们还是像蚯蚓一般爬进岔洞,艰难地爬行了很久后,前面变得开阔了。就这样,他们艰难地在麻叶洞里穿梭,最后来到一个向下凹陷的地方,这里像是一处河床,现在已经干涸了。

徐霞客带着仆人,手里举着火把,在麻叶洞里四处转悠,发现了很多新奇景观。徐霞客发现,麻叶洞里有一个庞大的洞穴网络,其复杂程度堪比蚂蚁的地下巢穴。洞穴之间相互连通、曲折多变,如果是没有探险经验的人,来到这里会很容易迷路。难怪当地人会对它如此敬畏与恐惧。

徐霞客也不敢大意,一是担心再深入会迷路,二是火把将要燃尽,他们只好意犹未尽地沿着原路退出麻叶洞。

当他们二人出来时,在外面围观的村民顿时喧闹起来。村民们原本以为二人一定有去无回,会被麻叶洞里的妖怪吃掉,没想到二人竟安然无恙地出来了。

所有人对徐霞客都很佩服,纷纷冲他竖起了大拇指,夸赞他勇敢。徐霞客有勇气有智慧,是一个真正令人敬仰的探险家。

## 《徐霞客游记》精彩片段

时村民之随至洞口数十人，樵者腰镰，耕者荷锄，妇之炊者停爨①，织者投杼，童子之牧者，行人之负载者，接踵而至，皆莫能从。余两人乃以足先入，历级转窦②，递炬而下，数转至洞底。洞稍宽，可以侧身矫首，乃始以炬前向。其东西裂隙，俱无入处，直北有穴，低仅一尺，阔亦如之，然其下甚燥而平。乃先以炬入，后蛇伏以进，背磨腰贴，以身后耸，乃度此内洞之第一关。

### 注释

①爨（cuàn）：烧火煮饭。
②窦（dòu）：孔洞。

### 译文

此时村民跟随来到洞口的有几十人，樵夫腰插镰刀，耕地的人扛着锄头，做饭的妇女停止做饭，织布的放下梭子，放牧的儿童、背负重物的行人接踵而至，都没有人能跟随我进入山洞。我们两个人于是先把脚伸进洞，在洞穴中逐级转进去，传递着火把往下走，转了几次来到洞底。洞稍稍变宽，可以侧身抬头，于是才将火把伸向前。洞中东西向的裂缝，都没有能深入之处，正北方有个洞穴，低矮得只有一尺，宽处也如此，然而洞穴的下面十分干燥又平滑。于是先将火把伸进去，然后像蛇一样爬进去，腰背紧贴摩擦着洞壁，下身向后耸，这才过了内洞中的第一关。

神秘的禁地——麻叶洞

## 徐霞客足下的麻叶洞

麻叶洞位于湖南茶陵县虎踞镇水源村境内，坐落于云阳山下。按徐霞客"游麻叶洞"一段记载，麻叶洞幽深曲折，洞中狭窄之地较多，不太好进去，但其中的美丽胜景，则是他所游览过的洞中最吸引人的。

茶陵县的西部有"秦人三洞"，分别是秦人洞、上清洞和麻叶洞。这三处洞穴各具特色，景色各异。秦人洞和上清洞里多水潭，人无法进入。徐霞客举火把进入了麻叶洞，发现里面地形复杂，有一个庞大的地下洞穴网络。虽然洞内没有传说中的妖怪出没，但人一不小心就会迷路，果然十分危险。徐霞客克服重重困难，凭借不惧神怪、勇往直前的精神，最终成功地进入了麻叶洞，领略了洞内的盛景奇观。

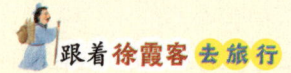

# 株洲"寻宝记"

在远古时期,株洲地区就有先民生息繁衍。在渌(lù)口区磨山,考古学家们发现了重要的新石器时代文化遗址,具有典型的大溪文化和石家河文化风格,代表了新石器时代早期(约6000年前)和晚期(约4000年前)的人类文明。三国时此地设建宁县,最晚到南宋时设櫧(zhū)州,清末设株洲厅,1949年8月改为湘潭县株洲区,20世纪50年代改为地级市。在这个历史悠久、文化丰富的地方,都有些什么宝贝呢?

## ❶ 炎帝陵

株洲炎帝陵,是四大炎帝陵之一,位于湖南省株洲市炎陵县鹿原镇鹿原陂,已有千余年历史。随着历代王朝的兴衰更替,炎帝庙也历尽沧桑,屡毁屡建。

茶陵湘剧

醴陵小炒肉

攸县㭎(jiǎ)山皮影

## ❷ 渌江书院

渌江书院,位于湖南省株洲市醴陵市,坐落于西山山腰,朱熹、王阳明曾在此讲学,清乾隆年间迁到现址,始建于南宋淳熙二年(1175)。

神秘的禁地——麻叶洞

### ❸ 湖南云阳国家森林公园

湖南云阳国家森林公园位于湖南省茶陵县城与郴（chēn）州市交界处，由云阳山、天堂山、杨柳山、鹰嘴岩等几大山峰组成，总面积86.887平方千米。

百井剪纸

攸县血鸭

茶陵豆腐乳

### ❹ 神农谷国家森林公园

神农谷国家森林公园位于株洲炎陵县东北部，处于罗霄山脉中段。这里有着大片原始次生林和完整的生态系统，植物种类丰富，国家重点保护野生动物种类很多。主要景点有落水源瀑布、珠帘瀑布等。

### ❺ 酒仙湖（酒埠江水库）

酒仙湖位于湖南省株洲市攸县境内，为国家级大Ⅱ型水库、国家地质公园。景区内有酒仙湖湖区、酒埠江地质博物馆、酒埠江大坝、攸女仙境等景点。

第15站

# 湖南第一大河流——

# 湘江

坐　　标：主体位于湖南省境内，流经湖南、广西两省，最终注入洞庭湖

水　　系：长江流域洞庭湖水系

干流全长：948公里

发 源 地：湖南省永州市蓝山县湘江源瑶族乡

跟着 徐霞客 去旅行

　　湘江，宛如一条飘逸的青罗带，蜿蜒穿行于湖南大地，从蓝山的云雾中启程，携八百里碧波北上，在岳阳城陵矶投入洞庭湖的怀抱。它是湖湘儿女的母亲河，用乳汁滋养着长沙、湘潭、衡阳等璀璨明珠，也将千年人文浸润于每一朵浪花之中。

　　春日的湘江，烟柳拂岸，橘子洲头的梅枝蘸着细雨绽放，白鹭掠过粼粼波光；夏日骤雨初歇，岳麓山的青黛倒映江面，渔舟在暮色中撒开金色的网；秋来"漫江碧透，百舸争流"，霜枫红遍江岸，橘子洲的柑橘香漫过古城墙；冬月薄雾轻笼，江面上的航船宛如穿行于水墨画卷中，岳阳楼的倒影在烟波中若隐若现。

　　屈子曾在此"乘舲（líng）船余上沅兮"，吟唱涉江的忧思；毛泽东挥笔写下"问苍茫大地，谁主沉浮"，让橘子洲头成为精神地标。沿江的吊脚楼、斑驳的古渡口、青砖黛瓦的书院，都在诉说着岁月的故事。湘江，以山水为纸，人文为墨，在楚地勾勒出一幅永不褪色的锦绣长卷。

## 船舱吟诗

徐霞客一行人乘船在湘江上漂荡。崇祯十年二月十一日五更天，万籁俱寂之时，一阵突如其来的密集雨点敲打着船篷，将徐霞客从梦中唤醒。他躺在床上静静地听着噼噼啪啪的雨声，心里格外高兴。

直到天亮时分，雨才停歇。船在湘江上悠悠漂荡，整整行驶了一天。在日暮时分，船停泊在新塘站上游的对岸。船上同行的，除了徐霞客一行三人，还有另外几人。

当时，夕阳西下，太阳的余晖映照在湘江水面。徐霞客往远处的江面上看了一眼，只见不远处有两只拉稻谷的船。船家似乎也发现了那两只小船，于是划过去停靠在一起。

不多时，从下游又驶来了五六只船，它们也相互靠着停泊在一处。这里并没有村落，所以这些船家聚集在一处停泊，也是出于安全考虑。

等到太阳落山后，月亮就出来了。那晚的月光很明亮，月亮倒映在水面上，夜色令人沉醉。徐霞客赏着月色，不觉吟诵起了诗句。

## 湘江遇强盗

徐霞客正在兴致高涨的时候，他却隐约听见江边有人啼哭。徐霞客怕是骗人的圈套，便没理会。

然而，等到船上有人可怜那人安抚他时，便有一伙盗贼挟持被诈骗的人闯到船上。他们举着火把砍刀，对着船上的人就又砍又骂。

那伙强盗穷凶极恶，他们不仅劫财还伤人。徐霞客当时正在船舱里躺着未睡，听见外面强盗的砍杀声，急忙从床下取出装在匣子里的旅费，藏到了别的地方。

徐霞客料想这样也不保险，便用力掀开了船篷，把匣子投到江水里。他又跑到床铺旁，随便找了件衣服披在身上。其他人有的光着身子，有的裹着被子被强盗用刀威胁，被逼到了一起。

强盗们很凶残，为了抢夺钱财，对着聚在一起的众人乱砍乱刺。大家为了活命，只好一拥而起，掀开船篷，纷纷跳入冰冷的水中。

徐霞客也狼狈地跳入江中逃命。幸好水并不深，他才得以逃到附近另一条船上。到了船篷中，人们赶紧找来被子让徐霞客取暖，他因此才化险为夷，侥幸躲过一劫。

这只船的船夫见有强盗抢劫，匆忙用力划动船桨，拼命向远方划

去，一口气跑了好几里路，直到确认已经远离了危险区域，才找了一处地方停下来。

徐霞客向远处看了一眼，只见自己乘坐的那只船上已经起了大火。徐霞客看着自己狼狈的模样，心里不禁泛起一丝悲凉。他这才发现静闻和仆人老顾不见了。

少顷，仆人老顾就光着身子找了过来，徐霞客只好把自己的裤子给了老顾，又从船夫那里讨要一块破布遮羞。过了一会儿，他们找到了静闻，才知道他为了抢救佛经和徐霞客的手稿被强盗刺伤。

静闻告诉徐霞客，徐霞客的部分手稿和图书尚存，但是他们的盘缠找不到了。徐霞客没了旅费，心里很焦急，可是倔强的他仍然不愿意返家。

徐霞客找当地友人借了一笔钱当旅费，继续按自己制订的计划旅行。徐霞客经此一难，仍不改心中的梦想，实在是令人肃然起敬。

# 《徐霞客游记》精彩片段

先是，静闻见余辈赤身下水，彼念经笈<sup>①</sup>在篷侧，遂留，舍命乞哀，贼为之置经<sup>②</sup>。及破余竹撞<sup>③</sup>，见撞中俱书，悉倾弃舟底。静闻复哀求拾取，仍置破撞中，盗亦不禁。撞中乃《一统志》诸书，及文湛持、黄石斋、钱牧斋与余诸手柬<sup>④</sup>，并余自著日记诸游稿。惟与刘愚公书稿失去。继开余皮厢，见中有尺头，即阁置袋中携去。

### 注释

①经笈（jí）：指的是装经书的箱子。
②置经：意为把经书留下，没有抢走。置：豁免。
③竹撞：篾编的小竹匣。
④手柬：指的是亲手写的信件，是一种比较书面、文雅的说法。

### 译文

先前，静闻见我们赤身跳入水中，他因想着佛经、书箱在船篷侧边，便留在了船上。他舍命乞求，盗贼才丢下经书。等破开我的竹箱，盗贼见箱中尽是书籍，就全部倾倒在船底。静闻又向盗贼哀求，拾起书来仍旧放在破箱中，盗贼也不禁止。箱中是《大明一统志》等书籍，以及文湛持、黄石斋、钱牧斋给我的诸多亲笔信，还有我自己写作记录的许多游记手稿。只有写给刘愚公的书稿丢失了。接着盗贼又打开我的皮箱，见其中有块绸缎，便全部装存袋中抢走了。

## 徐霞客足下的湘江

湘江,古称湘水,亦名雁门水。相传唐朝八仙之一韩湘子游居羊角汉仙岩修炼成仙,后人便称此地为湘乡,此水为湘水。

湘江是中国南部的重要河流,主体位于湖南省境内,在长沙市境内形成湘江风光带,沿岸分布岳麓山、橘子洲等标志性景观。它是湖南省第一大河流,流域面积覆盖湖南中东部及广西东北部。

传统认为湘江发源于广西兴安县白石乡石柱村近峰岭,向北流入洞庭湖。2019年国务院水利普查认定,湖南蓝山县湘江源瑶族乡为湘江正源,以遥感技术确认了其长度、水量和主流优势。

湘江自古就是中原进入岭南的水运要道。秦始皇派史禄在今广西桂林兴安开凿灵渠,并于公元前214年完成。将湘江西源海洋河与漓江源头大溶江相连,沟通长江水系与珠江水系,自此湘江成为中原与岭南经济、军事、文化交流的主要通道。

 跟着**徐霞客**去旅行

# 衡阳"寻宝记"

衡阳市早在战国时为楚国庞邑,西汉设酃(líng)县。三国时期吴国设衡阳县,南朝时属湘东郡,隋朝为衡阳县,唐朝至两宋属衡州,元朝设衡州路,明清为衡州府,1980年改为地级市。衡阳拥有这么久远的历史,在这里我们能寻到什么宝贝呢,一起来看看吧!

## ❶ 衡山

衡山,五岳之南岳,主体部分位于湖南省衡阳市南岳区、衡山县和衡阳县东部。主峰祝融峰海拔1300.2米,是佛、道圣地。

竹纸制作技艺

衡山影子戏

衡州花鼓戏

## ❷ 石鼓书院

石鼓书院,位于中南重镇衡阳市石鼓区石鼓山,是湖湘文化发源地和湖南第一胜地,始建于唐元和五年(810),迄今已有1200余年历史,是中国四大书院之一。

湖南第一大河流——湘江

### ❸ 江口鸟洲

江口鸟洲位于衡阳市衡南县东南部，地处耒（léi）河中间，四面环水，1984年被列为全国重点和湖南省以保护鸟类为主的自然保护区。

湖南渔鼓

湘剧

衡阳鱼头豆腐

### ❹ 回雁峰

回雁峰，位于衡阳市雁峰区湘江之滨，海拔96.8米。它是八百里南岳衡山七十二峰中的首位，也就是大家所说的南岳第一峰。景区有潇湘八景之一的平沙落雁、衡州八景之首的雁峰烟雨。

### ❺ 南岳忠烈祠

南岳忠烈祠位于南岳区南岳衡山香炉峰下，是为纪念抗日阵亡将士而建造的。忠烈祠内有13座大型烈士陵墓，氛围庄严肃穆。

第16站 之旅

# 岭南第一奇观——

# 七星岩

坐　标：广西省桂林市

地　貌：喀斯特地貌

气　候：亚热带季风气候

级　别：国家AAAA级旅游景区七星·骆驼山景区的重要
　　　　组成部分

在桂林漓江之畔，七星岩如同大地珍藏的璀璨明珠，藏于七座滴翠峰峦之下。踏入溶洞，恍若闯入一座凝固的时光宫殿：亿万年的钟乳石在此演绎着自然的魔法——石笋如破土玉笋直指穹顶，石柱似擎天巨柱贯通天地，石幔如流瀑飞虹垂落人间，在暖黄灯光的勾勒下，或泛着乳白的温润光泽，或流转着青灰的神秘纹路，连滴落在石台上的水珠，都在光影中串成晶莹的珠帘。

洞幽处，"仙人晒网""北斗七星"等奇观惟妙惟肖，传说与石景浑然一体；穹顶之上，石纹天然勾勒出星图云河，与洞名"七星"遥相呼应。历代文人的题刻摩崖点缀岩壁，苏轼、范成大的墨痕在幽暗中若隐若现，为这处"神仙洞府"添了几分人文雅韵。最妙的是细雨初霁时，洞外青山含翠，洞内清凉静谧，水滴"叮咚"如奏仙乐，让人沉醉于喀斯特地貌的鬼斧神工与千年时光的温柔对话中。

## 慕访七星岩

徐霞客来到桂林之后，心里就一直对七星岩念念不忘。也许现在的小朋友们对七星岩并不陌生，毕竟在小学课本里就有对它的介绍。很多小朋友就像背儿歌一样，把关于七星岩的知识记得牢牢的。

徐霞客作为古代非常有名的旅行达人，早就听闻七星岩的大名了。崇祯十年五月初二，他带着静闻和顾行出发前往七星岩了。徐霞客做了充足的准备，他带了好多蔬菜和干粮，还背着铺盖卷。这架势，显然是要在七星岩好好地玩个够，彻彻底底地探索一番。

他们几个人就这样踏上了旅途，转山绕岭，走了好久好久，才来到了寿佛寺。然后他们从寺庙的左侧开始登山，攀爬了很长时间，终于到达了摘星亭。在摘星亭的左边有一个佛寺，这个佛寺，正好把七星岩岩洞的入口挡住了。

徐霞客他们走进这个佛寺的时候,还不知道自己已经到了溶洞里面。他们还向寺里的僧人打听七星岩在哪里。这时候,和尚就推开了后门,把他们领到了洞口。只见那个洞口被房屋遮挡着,里面黑乎乎的。他们入洞向北走了一段路,然后转了个弯,这里一下子变得豁然开朗起来。

徐霞客等人被眼前的景象惊呆了。只见洞顶是高低不平的,地面却很平坦。洞里排列着很多石笋和石柱,那场面,看起来特别壮观。徐霞客忍不住小声地嘟囔着:"哇!这难道就是传说中的七星岩!"跟他一起的两个人也忍不住发出赞叹,就在那一瞬间,他们都感觉自己好像来到了一个充满奇幻色彩的童话世界。

## 栖霞洞见地下河

徐霞客他们在洞里仔细地观察着。这个洞,通风很不错,里面四通八达。徐霞客发现这个洞是分为上下两层的,上面的是七星岩,下面的就是栖霞洞了。

栖霞洞里面雄壮又开阔,洞口在西北方向,看起来十分高大。徐霞客特别细致地观察着,他发现洞顶横卧着一条裂痕,在裂痕里面,有一条石鲤鱼正在向下游动呢。这条石鲤鱼就像是活的一样,就算是那些手艺超级精湛的工匠精心雕刻出来的,也不会有这么逼真的效果。

在这条石鲤鱼的旁边,有一个盘龙形状的伞盖,在它的一侧有一条石阶,顺着这条石阶就可以通向老君台。他们继续往里面走,走进了一扇石门里面,然后顺着石门一直向北走,来到了一个黑暗的地方,上面的穹顶高不可测,下面是深不见底的深渊。

里面的道路非常崎岖难行,而且用火把也无法照亮。没办法,他们就走下高台，来到了洞底。这时候有向导提着灯走在前面，他们就紧紧地跟在后面。也不知道在黑暗里走了多久，他们才来到了獭子潭。向导向徐霞客他们几个人讲解说，这个水潭深不见底，而且还能直接通到大海。徐霞客听了，认为未必如此。

在洞的两侧，还有好多随处可见的雕像，这些雕像可都是纯天然形成的，看起来惟妙惟肖，特别逼真。

他们就这样跟在向导的身后，在洞内到处游走，转了大半天，才来到了七星岩的后门，然后出了洞。可是出洞之后他们发现，洞外竟然环绕着一条哗哗流淌的小河。徐霞客他们几个人觉得还不过瘾，返回洞里，走新的路线仔仔细细地考察了一番，这才意犹未尽地离开。

不过，徐霞客这次游览七星岩之后，还是觉得没有玩够。一个多月之后，徐霞客他们几个人又一次来到了七星岩这里。这一次重游，徐霞客等人又有了许多新的发现和感受。

## 《徐霞客游记》精彩片段

又逾崖而上,其右有潭,渊黑一如獭子潭,而宏广更过之,是名龙江①,其盖与獭子相通焉。又北行东转,过红毡、白毡,委裘垂毯,纹缕若织。又东过凤凰戏水,始穿一门,阴风飕飗②,卷灯冽肌,盖风自洞外入,至此则逼聚而势愈大也。

### 注释

①龙江:指七星岩内的地下河。
②飕飗(sōu liú):象声词,风雨声。

### 译文

又翻越石崖往上走,石崖右边一个深潭,渊深漆黑完全像獭子潭,但大处宽处更超过獭子潭,这里名叫龙江,它大概与獭子潭是相通的。又向北走后转向东,经过"红毡""白毡",它们像悬挂着的皮衣和下垂的毛毯,一缕缕纹理像是织出来的。又向东经过"凤凰戏水",这才穿过一道石门,阴风发出声响,吹卷灯火,冷风刺入肌肤,大概风是从洞外进来的,到了这狭窄之处聚在一起风势就更大了。

## 徐霞客足下的七星岩

桂林七星岩位于桂林七星公园内,古时候又叫栖霞洞,位于桂林七星公园内普陀山腹。这里有一段地下河,在百万年前就已形成。

七星岩分上、中、下三层。上层仅有老君台等残存的洞迹,下层是仍在发育的地下河,现在供我们游览的是中层。游程共有814米,最高处27米,最宽处49米,洞内温度常年保持在20°C左右。

洞里有很多自然形成的景观,有老人看戏、五谷丰登、古榕迎宾、白兔守门、仙人晒网、巨石镇蛇、九龙戏水、银河鹊桥等,多达35处。这里的景观形象逼真、妙趣横生,被世人誉为"神仙洞府""第一洞天"。

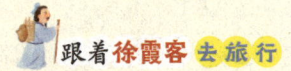

# 桂林"寻宝记"

桂林先秦时期属百越。秦时设置桂林郡。两汉至孙吴时称始安,属零陵郡。两晋时归始安郡。南朝梁、陈时为桂州,隋朝改为始安郡。唐朝及十国南汉为桂州,至南宋归静江府,桂林称临桂。元朝属静江路,明清为桂林府。后来曾为广西省会,1996年成为地级市。如此古老的一座城市,这里一定有着数不清的宝藏,我们一起来看看吧!

## ❶ 象鼻山

象鼻山原名漓山,位于桂林市内桃花江与漓江汇流处,因酷似一只站在江边伸鼻豪饮漓江甘泉的巨象而得名,被人们视为桂林山水的象征。

漓江石画

桂林根雕

桂林米粉

## ❷ 东西巷

东西巷是明清时代留存至今的唯一一片历史街巷。它涵盖了正阳街东巷、江南巷、兰井巷等传统街巷,这些街巷就像桂林历史文脉的载体,静静诉说着桂林的往昔岁月。

岭南第一奇观——七星岩

### ❸ 灵渠

灵渠,古称秦凿渠,是中国古代劳动人民创造的一项伟大工程。于前214年通航。是世界最古老的运河之一,有"世界古代水利建筑明珠"的美誉。

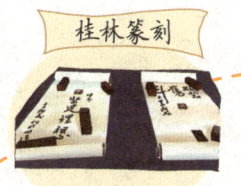
桂林篆刻

全州桂剧

漓江鱼

### ❹ 桂林王城景区靖江王城

这座王城始建于明洪武五年(1372),到洪武二十五(1392)年才建成。它的外围有着国内保存最为完好的明代城墙。靖江王城位于桂林市的中心地带,所以有"阅尽王城知桂林"这样的说法。

### ❺ 桂林两江四湖景区

两江四湖是指由漓江、桃花江,以及杉湖、榕湖、桂湖、木龙湖所构成的桂林市环城水系。两江四湖景区为国家AAAA级景区。乘船环游,可以欣赏到象鼻山、叠彩山、日月双塔等景观。

# 百里画廊——

# 漓江

坐　　标：广西省桂林市
代表景点：九马画山，九太山，黄布倒影
发 源 地：兴安县猫儿山东北面的老山界
干流全长：164千米

跟着徐霞客去旅行

漓江，是广西大地捧出的一条碧玉绸带，特别是自桂林至阳朔一段，蜿蜒迤转，将喀斯特峰林的奇幻与田园诗画的静谧织就成举世无双的山水长卷。这里群峰如簪，平地拔起，象鼻山以"饮水漓江"的憨态成为地标，九马画山在壁立千仞间藏着"天马行空"的想象，黄布滩的倒影清幽，让"舟行碧波上，人在画中游"成为现实。

晨曦里，薄雾漫过凤尾竹林，竹篙轻点水面，惊起鸬鹚掠影；暮色中，渔火闪烁于老渔村的青瓦之上，唱晚的山歌在山间回荡。漓江的水，清可见底，蓝似宝石，演绎着翡翠与琉璃光影变幻的魔术；岸边的村落，青砖黛瓦点缀在金黄稻田与墨绿蔗林之间，恍若陶渊明笔下的桃源秘境。

更有千年古镇兴坪，石板路刻着马帮的足迹；訾（zī）洲岛的芦苇荡随风起伏，与隔江的叠彩山相映成趣。漓江，是大自然最深情的馈赠，每一道弯都是一首诗，每一座峰都是一幅画，让人在碧波荡漾中，读懂"桂林山水甲天下"的千年惊叹。

## 漓江动静两相宜

崇祯十年五月二十一日,徐霞客一路风尘仆仆终于来到了如诗如画的漓江。

徐霞客在漓江一共停留了三天,大饱了眼福。

二十一日那天,太阳都升得很高了,阳光洒在大地上,徐霞客才登上船出发。他的船缓缓前行,经过了许多景点,如雉山、穿山、斗鸡山。徐霞客坐在船上,只能远远地眺望这些美景,就像隔着一层薄纱看画,虽然能看到大概的轮廓,却不能走近细致地观赏每一处细节。就这样,船在江面上行驶了二十里。当经过龙门塘的时候,江水变得湍急起来,眼前的景色也越发巍峨壮观,就像一幅宏大的画卷在眼前徐徐展开。

徐霞客就那样静静地坐在船上,随着船身漂漂荡荡,他的目光被江边的美景深深吸引。岸边一座座石峰傲然矗立着,有的石峰夹立在江流左右,它们的山势相互呼应,虽然不像削崖那般高大,却有

着自己独特的韵味。有的地方隔江处石峰排列而起，遮挡了一面的天空。徐霞客看着眼前如此美丽的景色，心中不禁感叹，这里的美是那么独特，就连巫山和庐山在它面前都似乎略逊一筹。他的心情也变得格外舒畅，暗自说道："这里实在是太美了！"

江中的怒涛汹涌地翻卷着，像是一群奔腾的骏马。它们时而用力地拍向石壁，发出巨大的声响，仿佛在演奏一场激昂的交响曲；时而在江中翻滚，搅起层层水花。山间仿佛还笼罩着层层雾气，那雾气让整个景色变得朦朦胧胧、隐隐约约的。水中倒映着山影，那画面美得让人陶醉。就连赤壁和采石矶与之相比，都显得失色了。

船一直在江中向前穿行，不知不觉间，天色渐渐暗了下来。船家在江东发现了几户人家，便找寻了一处地方把船停泊下来，大家打算休息一夜，养精蓄锐，第二天再向着恭城进发。

## 漓江八景未赏完

漓江从桂林出发，向南边日夜不停地奔流。江两岸石壁林立，峰峦环绕，就像是大自然精心打造的城堡。徐霞客在船上休息了一夜之后，第二天乘小船继续出发了。他们途径了螺蛳岩、水口山、水绿村，看到了龙头山那铮铮的石骨。这里山峰攒聚在一起，仿佛是一个由碧莲玉笋构成的奇妙世界。

阳朔县北起龙头山，再到鉴山。这两座山峰巍峨对峙，就像两个巨人在互相凝视。这里正是漓江上游和下游相交的那块巴掌大的平地，东边临江的地方，人们凭借江岸修筑了城墙，南北两边连接着两座山。离这里最近的地方有来仙洞山，还有石人、牛洞等诸山环绕，就像是众星拱月一般。

小船继续向前划呀划，也不知道经过了多长时间，他们终于到达了县城。他们从正东门进入，然后从文庙西边走入县衙。县衙里冷冷清清的，显得十分荒凉寂寥。

县城的南边，有一座桥，有"市桥双月"的美誉，这可是漓江八景之一呢。桥下的水自西向东流入城中，然后从东边流注进入壑谷中。这条壑谷有四五丈宽，四面的岩石嶙峋飞突，看起来十分险峻。它的名字叫龙潭，光是听名字就觉得充满了神秘的气息。在它的东边有一座鉴山寺，这也是八景之一。

徐霞客出了鉴山寺的东南门，却找不到船了。他只好在市场上买了些方便的稀粥来充饥。他打听到往东走十里地有一座状元山，出了西门走二里地有个龙洞岩，除此之外就没有其他特别的景致了。徐霞客心中有些失落，他便再次进入鉴山寺，找到一个儒生，让他把八景详细地讲给自己听。尽管如此，徐霞客心里还是不免有些遗憾，就像一个孩子没有得到最心爱的玩具一样。他可能在想，要是能把这八景都完完整整、仔仔细细地游览一遍，那该有多好啊。

## 《徐霞客游记》精彩片段

舟人泊舟画山下晨餐。余遂登其麓，与静闻选石踞胜，上罨①彩壁，下蘸绿波，直是置身图画中也。崖壁之半，有洞北向，望之甚深，上下俱无所着足。若缘梯缀级于石纹之间，非直空中楼阁，亦画里岩栖矣。

### 注释

①罨：覆盖。

### 译文

船夫把船停泊在画山下吃早餐。我于是登上画山的山麓，与静闻选了一块石头盘腿坐在这景色优美的地方，上方覆盖着彩色的石壁，下边蘸着绿色的水波，简直是置身于图画之中了。崖壁的半中腰，有个山洞面向北，望过去非常深，上下都无处落脚。如果沿着石纹之间架有梯子或是石阶，那不仅是空中楼阁，也是在画中栖身于岩洞中了。

## 徐霞客足下的漓江

漓江发源于广西壮族自治区兴安县华江乡猫儿山东北面的老界山南侧，它的四周群山环抱，翠竹成海。

"漓江"是珠江流域西江支流桂江上游河段的通称，属珠江流域西江水系，位于桂林市。传统意义上的漓江，起点为桂江源头越城岭猫儿山，现代水文定义为兴安县溶江镇灵渠口，终点为平乐县三江口。

漓江风景秀美，有山青、水秀、洞奇、石美"四胜"的美誉。从桂林至阳朔的83千米漓江河段，是漓江的精华，还有"深潭、险滩、流泉、飞瀑"的佳景，是岩溶地形发育典型、丰富和集中地带，集中了桂林山水的精华，令人有"舟行碧波上，人在画中游"的感觉。

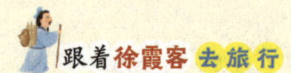

# 桂林"寻宝记"

桂林是个风景如画、文化底蕴深厚的好地方,上一节我们已经在桂林找到了一部分宝贝,然而,桂林宝贝实在太多了,我们再去看看那里还有什么宝贝。

## ❶ 桂林会仙湿地

会仙湿地被誉为"漓江之肾",是漓江流域最大的喀斯特地貌原生态湿地,具有保持水源、净化水质、蓄洪抗旱、维护生物多样性等重要的环境调节功能和生态效益。

桂柳运河

泉州荷花鱼

大圩(xū)古镇

## ❷ 天湖

在海拔2123米高的华南第二高峰真宝顶南端的山峦之间,有13处碧蓝如玉的湖泊,这就是水面海拔1600多米的高山湖泊群——全州才湾天湖水库,即天湖。

百里画廊——漓江

### ❸ 芦笛岩

芦笛岩位于桂林市西北郊，距市中心5千米，是一个以游览岩洞为主、观赏山水田园风光为辅的风景名胜区。

瑶族油茶

桂北傩面具制作技艺

永福瑶族服饰

### ❹ 龙脊梯田

龙脊梯田位于崇山峻岭之中，这里的梯田海拔最高达1180米，最低为380米，垂直落差足足有800米，面积有71.6平方千米。它分为金坑和大寨瑶族梯田观景区、平安壮族梯田观景区，主要景点就有十几个。龙脊梯田是"世界之最""天下一绝"。

### ❺ 银子岩溶洞

银子岩溶洞是典型的喀斯特溶洞，它贯穿了12座山峰，是层楼式溶洞。溶洞里的钟乳石晶莹剔透又洁白无瑕，闪烁着银子、钻石般的光，所以叫"银子岩"。其景观"三绝"是雪山飞瀑、音乐石屏、瑶池仙境，"三宝"为佛祖论经、混元珍珠伞、独柱擎天。

第18站

# 中国第一大瀑布——
# 白水河瀑布

坐　标：贵州省安顺市镇宁布依族苗族自治县

海　拔：900米

落　差：74米

宽　度：81米

气　候：亚热带季风气候

地　貌：喀斯特地貌

级　别：国家AAAAA级旅游景区

白水河瀑布（今称黄果树瀑布），如大地悬挂的银链，在贵州安顺的喀斯特群峰间劈开苍青，演绎着天地间最壮阔的水之乐章。这条源自乌蒙山的清流，在断崖前以70多米的落差纵身跃下，如万马奔腾激起千堆雪，水雾蒸腾成虹，在阳光里织就七彩绸带，方圆数里皆闻雷霆轰鸣。

近观时，水流撞击深潭溅起的碎玉漫过栈道，沾湿游人的衣襟，凉意裹着草木的清芬扑面而来；远眺处，瀑布如白绢垂于绿嶂之间，周围峰林倒映水潭，布依族村寨的吊脚楼点缀在蔗林与稻田深处，轻烟袅袅，恍若仙境。徐霞客曾以"捣珠崩玉，飞沫反涌"记其雄奇，而四季更替更赋予它不同风貌——春日新绿映水，瀑流如翡翠碎裂；夏日山洪奔涌，惊涛震彻山谷；秋冬水瘦，又似素练轻垂，柔中藏刚。

白水河的水，从亿万年的岩石褶皱里奔来，在断崖处完成最绚烂的绽放，既养一方水土，也将自然的磅礴与温柔，永远写进黔地的山水长卷。

## 壮哉黄果树瀑布

黄果树瀑布这个名字可能每个小朋友都听说过,因为它进了小学课本里。"安徽黄山,杭州西湖,龙门石窟,黄果树瀑布……"由此可见,它的名声早已是家喻户晓。

徐霞客作为一个资深旅行达人,怎会不知道这里?这不,崇祯十一年(1638)三月二十七日,徐霞客从广西进入贵州,四月十四日离开贵阳,顺着滇黔大道一路西行,赶了好多天的路,在四月二十三日这天游览了黄果树瀑布。

二十三日这天一大早,徐霞客就雇了个挑夫,顺着大道一路往南走。走了二里路,他从陇头向东望向双明洞西边,它的下面透着光亮。

洞里向西边淌出的水,流入壑谷中,然后再向西流入山里,注入到一条大溪中。也许是这里地势低的缘故,四周都是山环水绕,水流必

须多次穿过洞穴才能倾泄而出,落入下方的深渊中。

徐霞客看了一会儿,继续向前走,走了十来里地,看到一个村庄,村庄名叫白水铺。他离开白水铺继续向西行走二里,远远地听见水声轰隆隆作响,从山崖的缝隙望去,水从山顶的山崖向下倾泻,像是从九天银河落入下面的万丈深渊。只见它那白色的水流宽数丈,像湍急翻涌的白雪,只能看到它的上半截,下半截被大山遮挡。尽管如此,徐霞客还是不由得暗中惊叹。

徐霞客继续往前走,翻过一座山,来到了瀑布的下游。挑夫一边走一边给他介绍,徐霞客跟在樵夫身后,跨过了白虹桥。又走了半里路,他们便听到了雷鸣一般的水声。抬眼望去,只见一条河流悬空冲捣而下,像是万条丝绢在空中飞舞,水珠迸溅,波涛汹涌,看上去分外壮观。

徐霞客惊呆了,不禁赞叹起眼前这壮观的美景。他遍览祖国的大好河山,自然见过许多瀑布,可眼前的瀑布又宽又大,是他从来没见过的。

## 不能喝的哑泉水

徐霞客欣赏完了黄果树瀑布的美景,在一个小草亭里休息了许久,然后沿着山崖上的石阶往西南下山。

他在山谷间走了四里,进入一个山坳,山里有一片叫鸡公背的村落,当地人指点在村东南鸡公岭的山峰上有个朝向西北的山洞,叫鸡公洞。

他们顺着山路登上了鸡公岭,又在僧人的指点下沿着弯弯曲曲的小路翻山越岭、登桥渡溪,来到一个用石块砌成的方形池塘边,泉水从池塘西头穿过洞穴流出,缓缓地流入池中,溢出水池的水往东边流走,这便是跑马泉。右边也有泉水从洞穴流出,这便是哑泉。

当地的人们都言之凿凿地说,这哑泉水喝不得,要是有谁不小心喝了哑泉水就会变成哑巴。徐霞客听说后,心中十分好奇。他本来是想尝尝这哑泉水的,可是在细思后,他还是放弃了这个想法。

随后,徐霞客走到了跑马泉旁边,从跑马泉里舀了一瓢水喝,泉水入口,并不十分甘甜,但是可以喝。这时候,一个大大的疑问在他的脑海中冒了出来。他发现,跑马泉和哑泉之间的距离其实不过几步,可是这两个泉的水质怎么就有着如此大的差别呢?这实在是太令人费解了。

徐霞客带着满心的疑惑继续前行。他和挑夫又踏上了一段艰难的旅程,他们在崎岖的道路上跋涉着。就这样一直走到午后,他们才到达关岭铺。这时候,挑夫已经累得气喘吁吁,实在是走不动了,于是就向徐霞客告辞离开了。而徐霞客呢,也累得浑身瘫软,一点儿力气都没有了。他看到附近有一家旅店,便毫不犹豫地走了进去,想要好好地歇息一番,以恢复自己的体力。

# 跟着徐霞客去旅行

## 《徐霞客游记》精彩片段

其桥南北横跨,下辟三门,而水流甚阔,每数丈,辄从溪底翻崖喷雪,满溪皆如白鹭群飞,"白水"之名不诬矣。度桥北,又随溪西行半里,忽陇箐①亏蔽,复闻声如雷,余意又奇境至矣。透陇隙南顾,则路左一溪悬捣,万练飞空,溪上石如莲叶下覆,中剜三门,水由叶上漫顶而下,如鲛绡②万幅,横罩门外,直下者不可以丈数计,捣珠崩玉,飞沫反涌,如烟雾腾空,势甚雄厉,所谓"珠帘钩不卷,匹练挂遥峰",俱不足以拟其壮也。盖余所见瀑布,高峻数倍者有之,而从无此阔而大者,但从其上侧身下瞰,不免神悚。

### 注释

①箐(qìng):山间的大竹林,也指树木丛生的山谷(多用于地名)。
②鲛绡(jiāo xiāo):传说中鲛人所织的绡,亦泛指名贵凉爽的薄纱。

### 译文

这座桥呈南北向横跨过去,下面开有三个桥洞,桥下水流非常宽广,每隔几丈远,就有水流从河底翻越岩石喷溅起雪白的浪花,整个河面上都像是成群的白鹭在飞翔,"白水"的名字不假啊。过到桥北,又沿着河水往西行半里,忽然间山陇亏缺,竹林蔽日,再次听见如雷的水声,我料想又有奇景了。透过山陇的缺口向南回头看,就见道路左边一条河流悬空冲捣而下,如万条白色的丝绢飞舞在空中,河流上方的岩石如荷叶一样下覆,中间有三个如用刀剜出的洞,水从荷叶上漫过顶部泻下来,如同千万匹薄纱,横罩在洞口外,笔直下泻的距离不能用丈来计算,如春捣珍珠,似玉屑迸溅,水沫飞溅,波涛回涌,如烟雾腾空,气势极其雄壮迅猛,所谓"珠帘钩不卷,匹练挂遥峰"的诗句,完全不足以用来形容它的壮观了。大略说来,我所见过的瀑布,比它高峻几倍的有过,可从来没见过这样又宽又大的,仅仅只是从瀑布上方侧着身子向下俯瞰,就不免神魂惊悚。

## 徐霞客足下的黄果树瀑布

黄果树瀑布在北盘江支流打帮河西源白水河上，河水由北向南，流经陡坡塘瀑布，到达黄果树时，河床出现一个大断崖，从而形成大瀑布，水流经瀑布后向西绕行一个近似半圆的弧形，到达螺丝滩瀑布，恢复由北向南的流向。

黄果树瀑布飞泻入犀牛潭，水流依次经过三道滩、马蹄滩、猪龙潭、油鱼井、锅底凼（dàng）、湾塘、冒水塘。

黄果树瀑布的流量最小时仅有涓涓细流，河水仍然分成4支，铺展在整个岩壁上，不失其"阔而大"的气势。最大时，有瀑布溅珠飞洒到黄果树小镇上，两三里外能听到雷鸣般的响声。

跟着徐霞客去旅行

# 贵州"寻宝记"

贵州是喀斯特地貌的典型代表区域。在这里，大自然的鬼斧神工塑造了无数令人惊叹的景观：奇峰异石、溶洞暗河、瀑布峡谷，每一处都是大自然的杰作。除了自然奇观，贵州还拥有悠久的历史，孕育了丰富的人文景观。古老的村寨、独特的民族风情、历史悠久的遗址，都展示着这片土地的深厚文化底蕴。那么，在贵州，我们能发现哪些宝贝呢？

❶ 夜郎洞风景区

传说夜郎王曾居住于此，因此得名。这是一处水旱相结合的溶洞。

红崖古迹

安顺地戏

蜡染技艺

❷ 青岩古镇

青岩古镇曾是明清时期一个军事重镇，留下了许多珍贵的历史遗迹，如文昌阁和万寿宫等。

中国第一大瀑布——白水河瀑布

### ❸ 安顺凤仪书院

凤仪书院位于贵州安顺。清道光年间知府朱德璲（suì）建。历经清道光、同治、光绪多朝，为科举时代安顺学子读书、讲习之所。现仅存讲堂一栋，为市级文物保护单位。

夺夺粉

安顺裹卷

小锅凉粉

### ❹ 紫云格凸河穿洞

紫云格凸河穿洞为喀斯特地貌景点，位于贵州省安顺市紫云苗族布依族自治县格水塘镇。这个地方的喀斯特地貌发育得非常完备，自然景观超级丰富。有峰林、峰丛、天生桥、穿洞、地下河流、峡谷等。

### ❺ 安顺文庙

它是一组中轴对称、典制齐全、规模宏大、布局严谨、庄严典雅、以石雕艺术为主要特色的坛庙与儒学合为一体的古建筑群。建筑群利用坡地层层升高排列建筑，前檐外部台阶和踏跺体现礼制规范，尽显文庙威严庄重。

## 徐霞客生平大事记

**1605年**
父亲因病去世

**1617年**
进行短线游，如善卷洞和张公洞，同年原配夫人去世。之后游历庐山、黄山

**1614年**
游览扬州、南京等地

**1623年**
游历嵩山少林寺、龙门石窟、太和山（今武当山）、华山等地，在此期间与陈继儒相识，得"霞客"称号

**1587年1月5日**
出身于江苏省江阴的一个富庶家庭

**1625年**
母亲逝世，徐霞客暂停外出游历，为母亲守孝

**1616年**
游历白岳山，后前往黄山，因大雾等原因未游遍；游武夷山

**1620年**
为庆祝母亲病愈，修建"晴山堂"。后游览江郎山、九鲤湖和石竹山等景点

**1601年**
科考未中

**1624年**
与八十岁高龄的母亲一起在江苏省内旅游

**1608年**
开始外出游历，首先乘船经京杭大运河前往太湖一带，后北上齐、鲁、燕、赵等地

**1613年**
游天台山、雁宕山（今雁荡山）

## 1632年
再次登天台山游览，后再次登上雁荡山

## 1638年
开始云贵之旅，参观了白水河瀑布（今黄果树瀑布）等众多景点

## 1636年
先后游览灵隐寺等地后进入江西，在麻姑山一带游历，与静闻和尚相识，一同前往鸡足山游历

## 1629年
由运河北上，游览盘山、崆峒山、碣石山等景区

## 1640年
因常年游历积劳成疾，病情恶化，在木增帮助下，被云南地方官用车船送回江阴

## 1637年
游览衡山、桂林、柳州、南宁前行，后静闻和尚病逝；在湘江遇强盗

## 1639年
受丽江土司木增邀请前往丽江，先后对丽江等地进行实地考察，之后返回鸡足山撰写山志，并继续在西南边境游览

## 1641年正月
病逝于家中

## 1628年
徒步前往玉华洞游历，然后南下前往罗浮山，途中考察福建地区主要水道

## 1633年
北上前往京师，后赶赴五台山和恒山一带，考察两山山系特点等，还记录当地煤炭储藏情况

## 1630年
和叔祖七月启程再次游览福建，游览浮盖山、桃源洞等景区，还进行了漂流活动

## 内 容 提 要

本书以《徐霞客游记》为蓝本，从27篇游记里择取27处地点，精选精彩片段进行二次创作，并融入各地文旅资源，打造成适合孩子阅读的地理启蒙读物。

本书从徐霞客首篇日记《天台山游记》切入，带读者跨越数百年，跟随徐霞客漫步天台山，开启台州寻宝之旅。每篇游记都会这样徐徐展开，仿佛徐霞客就跃然纸上，各地美食、趣玩、胜景，一一在读者眼前延展。

"读万卷书，行万里路。"本书堪称地方文旅主题佳作，既为广大中小学生提供写作素材，又助其拓宽视野、增长见识。

### 图书在版编目（CIP）数据

跟着徐霞客去旅行. 2，穿越奇山异水 / 梅芬芬，王焱编著. -- 北京：航空工业出版社，2025.6. -- ISBN 978-7-5165-4152-4

I. K92-49

中国国家版本馆CIP数据核字第2025VL7540号

---

跟着徐霞客去旅行·②穿越奇山异水

Genzhe Xuxiake QuLüxing · ② Chuanyue Qishan Yishui

航空工业出版社出版发行
（北京市朝阳区京顺路5号曙光大厦C座四层　100028）
发行部电话：010-85672688　010-85672689　　读者服务热线：010-85672635

| | |
|---|---|
| 唐山楠萍印务有限公司印刷 | 全国各地新华书店经销 |
| 2025年6月第1版 | 2025年6月第1次印刷 |
| 开本：710×1000　1/16 | 字数：60千字 |
| 印张：6 | 定价：128.00元（全3册） |

# 跟着徐霞客去旅行 ③

## 寻迹西南秘境

梅芬芬 王焱 ◎ 编著

航空工业出版社
北京

### 第19站 因桥闻名的江——北盘江

逢官员入京 / 3
狮子吐出的铁索桥 / 4
《徐霞客游记》精彩片段 / 6
徐霞客足下的北盘江 / 7
晴隆"寻宝记" / 8

### 第20站 滇中胜景——碧鸡山

滇池望西山 / 13
岩缝见奇花 / 14
《徐霞客游记》精彩片段 / 16
徐霞客足下的碧鸡山 / 17
昆明"寻宝记" / 18

### 第21站 南方丝绸之路重镇——丽江

受土知府礼遇 / 23
木家院受师礼 / 24
《徐霞客游记》精彩片段 / 26
徐霞客足下的丽江 / 27
丽江"寻宝记" / 28

### 第22站 洱海的源头——茈碧湖

赶赴茈碧湖 / 33
游湖访友 / 34
《徐霞客游记》精彩片段 / 36
徐霞客足下的茈碧湖 / 37
洱源"寻宝记" / 38

### 第23站 风花雪月城——大理

赏苍山雪与洱海月 / 43
畅游蛱蝶泉 / 44
《徐霞客游记》精彩片段 / 46
徐霞客足下的大理 / 47
大理"寻宝记" / 48

### 第24站 跨国长河——澜沧江

澜沧江迷踪 / 53
跨越铁索桥 / 54
别有洞天的水寨 / 55
《徐霞客游记》精彩片段 / 56
徐霞客足下的澜沧江 / 57
保山"寻宝记" / 58

### 第25站 世界物种基因库——高黎贡山

峡谷摘红花 / 63
山间忆诸葛 / 64
《徐霞客游记》精彩片段 / 66
徐霞客足下的高黎贡山 / 67
怒江州"寻宝记" / 68

### 第26站 三折云梯——云峰山

勇闯云峰山 / 73
探索河流关系 / 74
《徐霞客游记》精彩片段 / 76
徐霞客足下的云峰山 / 77
腾冲"寻宝记" / 78

### 第27站 华夏第一佛山——鸡足山

鸡足山养病 / 83
因病返乡 / 84
《徐霞客游记》精彩片段 / 86
徐霞客足下的鸡足山 / 87
宾川"寻宝记" / 88

后序 / 90

第19站 之旅

# 因桥闻名的江——

## 北盘江

坐　　标：云南省东部、贵州省西南部

流域面积：2.66万平方千米

流经地区：云南省，贵州省

气　　候：亚热带季风气候

全　　长：444千米

在黔桂大地的褶皱间，北盘江奔腾呼啸，展现着大自然的磅礴伟力。它似一条灵动的巨龙，身躯蜿蜒于崇山峻岭之中。江水或碧绿如翡翠，于幽静处沉淀岁月；或汹涌如怒涛，在险滩峡谷间激昂奋进，掀起雪白的浪花。两岸峭壁千丈，怪石嶙峋，郁郁葱葱的植被顽强地攀爬在崖壁，为这雄浑的景致添了几分生机。

横跨其上的铁索桥，宛如一道钢铁长虹，连接着两岸峭壁。桥身由粗壮铁索搭建，在日光下闪烁着冷硬光泽，于岁月风雨中屹立不倒。站在桥上，脚下江水滔滔，涛声震耳，身旁山风呼啸，吹得铁索铮铮作响。极目远眺，天光云影倒映水中，与两岸郁郁葱葱的植被、嶙峋怪石共同构成绝美画卷，让每一位到此的旅人，都沉醉于这山水与铁索桥交织的壮丽景致里。

## 逢官员入京

崇祯十一年（1638）四月二十五日的清晨，徐霞客早早地起了床，简单地洗了洗脸后，就向着南方进发了。他在山水之间穿梭，一路风尘仆仆，终于抵达了梅子关。

过了梅子关之后，徐霞客继续朝着西方前行。走着走着，他来到了一座土山前。只见那土山的山坳里，有几户人家静静地依山而居。在这片宁静的地方，还设有巡检司，巡检司的存在是为了稽查过往的行人。徐霞客没有停留，他继续向上攀登，越过那岭脊之后，又行走了五里路，这才来到了白云寺。

他从白云寺朝着西南方向往下走，在途中，他看到了颇为壮观的一幕：有一行人抬着轿子缓缓前行，轿子后面还跟着众多的挑夫和车马。那些挑夫的身上挑着沉重的担子，每走一步似乎都要花费很大的力气。这支队伍排得很长，逶迤曲折，竟然长达三四里。

跟着徐霞客去旅行

徐霞客看到这样的队伍,心中满是好奇,他原本以为这是哪个大户人家在娶媳妇呢。当他向旁人打听之后才知道,原来这是临安道道员毋忠被皇帝起用进京啊。

毋忠是四川人,他是通过乡荐才得以入仕的。此人既无惊世骇俗的才华,在政绩方面也没有什么特别突出之处。听闻在他治理下的阿迷州,非法割据的局面尚未平定,可他怎么就能够到京城去为官呢?这实在是令人费解。

徐霞客仅仅是看到那盛大的排场,便对这个人的才能与操守有了大概的判断。再联想到当下那混乱纷扰的时局,徐霞客的内心就如同打翻了五味瓶一般,各种滋味涌上心头。不过,徐霞客并没有沉浸在过多的感慨之中,而是继续朝着西北方向前行了一里多路,抵达了新铺。从这里往西越过岭头之后,他就沿着陡峭的山路向山下走去。

## 狮子吐出的铁索桥

徐霞客继续向前赶路,也不知道走了多长时间,终于在一所庙宇里停歇下来,吃了些斋饭。短暂休息之后,下午徐霞客又踏上了行程。走了不远,最后来到了利济桥。他们一行人跨过利济桥后,又往西走了半里路,便看到了盘江。只见那盘江的江水波涛汹涌,从北向南蜿蜒曲折地流淌着。

盘江峡谷水面并不十分宽阔,它深不见底,水流湍急得很。更为奇特的是,这里的江水不知道是出于什么原因,竟然像黄河水一样浑浊。徐霞客沿着盘江的东岸往南走了半里路,就来到了盘江桥。这座桥是用铁链连接起来的,东西两端分别连接着两边的山崖,桥上横铺着木板。两端的距离还不到十五丈,可是桥距离江面的高度竟然达到了三十丈。从桥上往下望去，江水汹涌澎湃地奔腾着，那江水的深度简直无法测量。

这座桥是在崇祯四年的时候，由一位名叫朱家民的官员主持修建的。它是用几十条大铁链连接起两端的山崖，然后在上面铺设了两层木板。这些木板有八寸厚，宽度八尺多，远远看上去，虽然桥身好像在空中飘荡着，摇摇晃晃的，但是实际上稳固得很。人可以稳稳地站在上面，成群的牛马驮着沉重的货物也可以安全地通过。

在铁索桥的两边，拴着许多高高的铁链当作栏杆，而且还用更细一点的铁链纵横交错地连接着。两边的山崖上，各有两尊石狮子，那些铁链是从狮子的口中吐出来的，非常有趣。

在古代的时候，盘江上是没有桥的，那滔滔江水不知道吞噬了多少人的生命。当地的官府为了能够让百姓出行更加方便，于是绞尽脑汁才修建了这座铁索桥。

据说啊，诸葛亮曾经在澜沧江上修建了一座铁索桥，而这座盘江桥就是仿照诸葛亮修建的那座桥建成的，所以这座桥又被称为小葛桥。不管它叫什么名字，盘江上的这座铁索桥，实实在在地为当地的老百姓出行提供了极大的便利，这无疑是一件对国家、对百姓都有极大好处的事。

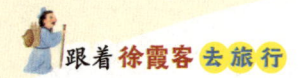

# 《徐霞客游记》精彩片段

五里，过白基观。观前奉真武，后奉西方圣人，中颇整洁。时尚未午，驼骑方放牧在后，余乃入后殿，就净几，以所携纸墨，记连日所游。盖以店肆杂沓，不若此之净而幽也。僧檀波，甚解人意，时时以茶蔬米粥供。下午，有象过，二大二小，停寺前久之。象奴下饮，濒去，象辄跪后二足，又跪前二足，伏而候升。既而驼骑亦过，余方草记甚酣，不暇同往。又久之，雷声殷殷①，天色以云幕而暗，辞檀波，以少礼酬之，固辞不受。

### 注释

①殷（yīn）殷：震动声。

### 译文

五里，路过白基观。观中前殿供奉着真武大帝，后殿供着佛祖，观中十分整洁。此时还未到中午，马帮正在后面放牧，我便进入后殿，就着洁净的几案，用携带着的纸墨，记下连日来游过的地方。这是因为旅店中太杂乱，不如这里干净幽静。僧人檀波十分了解别人的心意，时时供给一些茶水、蔬菜和米粥。下午，有大象经过，两大两小，停在寺前很长时间。赶象的奴仆下来饮水，临去时，大象就先跪下后面的两条腿，又跪下前面的两条腿，伏着等候站起来。不久马帮也过去了，我草记游程兴头正浓，来不及一同走。又过了很久，雷声隆隆，天色因云层遮蔽而暗下来，我辞别檀波，用少许礼金酬谢他，他坚决推辞不肯接受。

## 徐霞客足下的北盘江

北盘江两个源头分别为发源于云南曲靖市沾益区的革香河、宣威市的可渡河。两河在滇黔交界处汇合后称北盘江。北盘江流经云南、贵州两省，多处为滇黔界河，至贵州省黔西南州望谟（mó）县双江口与南盘江汇合后为红水河，全长444千米。

流域地下伏流河段、瀑布都较多，全流域有大小瀑布165处。中游河段航运便利。主要支流有拖长江、乌都河、月亮河、麻沙河、打帮河等，以打帮河为最大。

北盘江的源头可渡河上有座很有名的大桥——杭瑞高速北盘江第一桥，桥面到水面距离565.4米，是世界第一高桥。

跟着 徐霞客 去旅行

# 晴隆"寻宝记"

晴隆是世界茶树起源地和世界茶文化发祥地。明代设安南卫，清代裁卫建安南县。1941年，安南县更名为晴隆县。那么，这里会有些什么宝贝呢，一起来看看吧！

### ❶ 龙洞瀑布

位于晴隆县中营镇，距县城75千米，龙洞瀑布落差500余米，宽近30米，飞流倾泻，气势磅礴。

三望坪草原

晴隆脐橙

牛肉粉

### ❷ 晴隆二十四道拐

二十四道拐是抗战时史迪威公路的一部分，是一段二十四道弯的公路，抗战时期，战略物资从缅甸经滇缅公路运到昆明后，再经二十四道拐运进贵州。

因桥闻名的江——北盘江

### ❸ 光照湖

光照湖位于贵州省晴隆县与关岭两县交界的北盘江中游，是水电站蓄水发电形成的人工湖，并形成了面积广大的湿地。

裹卷粉

彝族火把节

砂陶制作技艺

### ❹ 三望坪风景名胜区

三望坪风景名胜区位于晴隆县西南部的大厂镇和碧痕镇的交界处，由一望坪、二望坪、三望坪三层连片缓坡组成。这里的地形地貌丰富多样，有天然草甸、牧场、茂林山岗等，景点有仙人桥、五色原、太极田、上马场等。

### ❺ 安南古城

安南古城位于贵州省晴隆县莲城镇，是黔西南州乃至贵州省在古城现代复原方面极具代表性的作品。这座古城是完完全全依照历史原本的模样来进行修复与重建的，其目的就是要重现安南古城往昔的历史风貌。

第20站

# 滇中胜景——
# 碧鸡山

坐　标：云南省昆明市西郊
主　峰：华亭山，太华山，罗汉山
海　拔：2507.5米
气　候：亚热带季风气候
级　别：国家AAAA级旅游景区

在昆明西郊，碧鸡山宛如一位静穆的仙子，散发着迷人魅力。它东濒滇池，西依长坡，从北向南逶迤升高，山势雄伟壮观，群峰连绵，山峦之间绿树成荫，植被丰富，四季景色各异。

滇池的湖水清澈，波光粼粼，与碧鸡山的青山绿树相互映衬，形成了一幅天然的山水画卷。

从山上俯瞰滇池，五百里滇池尽收眼底，湖面上帆船点点，湖岸线蜿蜒曲折，自然风光旖旎。

碧鸡山既有自然的灵秀，又有山水相依的磅礴，是都市人寻幽探秘、放松身心的绝佳之地，每一次到访，都能收获独特而难忘的美好体验。

## 滇池望西山

崇祯十一年，徐霞客从昆明出发，一路向着西南方向走。他大约走了二里路之后，就登上了一艘船。

船在水面上缓缓前行，两岸的风景逐渐浮现出来，那土地十分平整，就像被精心整理过一样，沿着水边向远方延伸着。船就这样在水中慢悠悠地行驶了大概十里路，这时候，岸上的农田已经看不到了，水面上长满了茂盛的芦苇。这些芦苇长得郁郁葱葱，仿佛一片绿色的海洋。此时的徐霞客还没有感受到滇池这个大湖的辽阔，他还以为这只是一片普通的草海。在那芦苇丛里，仅有一条狭窄的航道，顺着这条航道望去，可以远远地看到西山那美丽的景色。在那高耸陡峭的悬崖峭壁之上，有一组房屋，那就是非常有名的罗汉寺。

徐霞客乘坐的船继续向前航行，又走了十五里路，这时候岸边出现了一排排的房屋，有几百户人家。这些人家临水而居，每天听着潺潺的流水声，看着水面上粼粼的波光，这样的生活看起来非常惬意。

跟着 徐霞客 去旅行

徐霞客沿途经过了很多地方，像碧溪关、杨太史祠、华亭寺、太华寺、罗汉寺等。他在杨太史祠停下来吃了顿饭，补充了一下体力，然后往南穿越了一个村庄，接着继续往西走上山。他走了大概三里路，就来到了位于山腰的华亭寺。可是徐霞客并没有在这里停留太长时间，他是一个充满活力的探索者，继续攀藤附葛往山上爬。突然之间，他的眼前出现了一座座危峰，而他的脚下则是盘绕的山谷，那太华寺就高高地伫立在山谷的东边。

徐霞客又继续往前走了一段路，这时候他惊奇地发现，峡谷之中悬挂着两股瀑布。那瀑布就像两条白色的丝带，从高处飞流直下，最后坠入下面的石窟之中，发出巨大的轰鸣声，那声音就像打雷一样，在山谷里回荡着。

徐霞客继续向前走了一段路，来到了太平寺，从这里往南走就是太华寺了。在太华寺的殿前，生长着很多山茶树。这些山茶树长得非常茂盛，花朵盛开的时候，红得像火，看上去非常美。不过呢，如果真的想要领略此地的美景，那还得去罗汉寺的南面看看才行。

## 岩缝见奇花

徐霞客从南边的侧门出了寺庙，然后继续往南走，寻找着登上峰顶的大路。他横穿大路往东南走，再向南转，这一路上怪石嶙峋。他一路四处张望，突然看到不远处有层层叠叠的建筑，就像蜂房燕窝一样，那就是罗汉寺的南庵和北庵了。

徐霞客沿着崎岖的山路走了很久，终于来到了罗汉寺的正殿。他怀着崇敬的心情在正殿里拜了佛。殿后的山崖有百丈高，山崖南边的转折处，汇聚了一汪泉水，这泉水是从朝天桥山缝中涌出来的，它有一个很好听的名字，叫勺冷泉。

徐霞客接着往南走，越过了勺冷泉，看到了更加高耸的山崖。在那里，很多佛寺、庙宇、仙人宫殿错落有致。真武宫之上，山崖也变得更加耸立奇特了。他又走了一段路，在山里发现有数十家村民。这些村民们大都以捕鱼为业。

在这里，徐霞客还发现了一种很特别的鱼，那就是金线鱼。金线鱼的大小不超过四寸，胖嘟嘟的，在它的首尾之间有一缕金线，这可是滇池里最珍贵的美味呢。

徐霞客在这里还发现了一个石洞。他是一个非常勇敢的人，寻了个火把，就借着那微弱的光亮，闯进洞内探险。这个洞又高又深，是一个神秘的地下世界。可是徐霞客走了一半的时候，担心火把突然熄灭，那在黑暗中可就危险了，所以他只好沿着原路退出了石洞。

徐霞客上山来到了抱一宫，他向人打听了去山顶黑龙池的路线。然后他就攀着陡峭的崖壁向上攀登，这是非常危险的，但是他一点儿也不害怕。在崖壁的缝隙中，他发现了一种花，这种花的模样仿佛琼花玉茎一样，而且它的形态千变万化，是他从来没有见过的。

徐霞客不断地努力攀登，最后终于登上了山的最高处，这里就是碧鸡山绝顶了。下山途中，又在山崖之间观看了黑龙池。

## 《徐霞客游记》精彩片段

遂出南侧门,稍南下,循坞西入。又东转一里半,南逾岭。岭自西峰最高处东垂下,有大道直上,为登顶道。截之东南下,复南转,遇石峰嶙峋南拥。辄从其北,东向坠土坑下,共一里,又西行石丛中。一里,复上蹑崖端,盘崖而南,见南崖上下,如蜂房燕窝,累累欲堕者,皆罗汉寺①南北庵也。披石隙稍下,一里,抵北庵,已出文殊岩上,始得正道。由此南下,为罗汉寺正殿;由此南上,为朝天桥。桥架断崖间,上下皆嵌崖,此复崭崖中坠。桥度而南,即为灵官殿,殿门北向临桥。

### 注释

①罗汉寺:因罗汉山得名。从龙门村附近仔细观察,就会发现那罗汉山的形状恰似一位端坐着的罗汉,这座山因名罗汉山。罗汉寺建筑群包含罗汉寺正殿(俗称大佛殿)、北庵和南庵。保存下来的北庵,也就是我们现在所看到的三清阁建筑群。

### 译文

于是从南边的侧门出寺,稍稍往南,顺着山坞往西进去。又转东走一里半,往南越过山岭。岭从西侧山峰最高处向东垂下来,有大路一直上去,是登上峰顶的路。横穿大路往东南下,再转南,遇见石峰嶙峋、往南簇拥。于是从石峰北面,向东坠下土坑,一共走了一里,又往西走进石头丛中。一里,又往上从崖边攀登,盘绕着崖往南走。看见南边的崖上崖下,蜂房燕窝般的建筑层层叠叠,像要坠落,那是罗汉寺的南庵和北庵。穿过石缝稍稍向下走,走一里,到北庵,不久到达文殊岩上,才走上正路。从这里往南下去,是罗汉寺正殿;从这里往南上,是朝天桥。桥架在断崖之间,上下都是险崖,这里山崖又断开、中部下坠。过桥往南走,就到灵官殿,殿门朝北对着桥。

滇中胜景——碧鸡山

## 徐霞客足下的碧鸡山

碧鸡山（元代以来称西山）位于昆明西郊，由华亭山、太华山、罗汉山等山峰组成。它是滇中胜景，素来以迷人的自然景观、丰富的历史文化和珍贵的文物古迹而闻名。

碧鸡山分布着众多的佛寺道观建筑群，如华亭寺、太华寺、三清阁等。其中，华亭寺是昆明地区现存的最大一座寺庙，已有900余年历史。罗汉山龙门石窟是云南最大、最精美的道教石窟，"龙门胜景"以"奇、绝、险、幽"为特色，雄居昆明西山众多的名胜之首。而坐落在滇池西岸的太华山，是滇池风景区的主要景点之一。

徐霞客的《游太华山记》成为古代记述西山最为详尽的游记名篇。

# 昆明"寻宝记"

昆明,别称是春城,是云南省省会。昆明历史悠久,文化灿烂,是国务院公布的首批24个国家历史文化名城之一,拥有2200多年的建城史。在这个历史悠久的古城,我们能发现什么宝藏呢,快来一起看看吧!

## ❶ 石林

石林风景名胜区,位于石林彝族自治县境内,距昆明市86千米,景区由大小石林、乃古石林、大叠水、长湖、月湖、芝云洞、奇风洞7个风景片区组成。

滇筝

昆明面塑

关索戏

## ❷ 九乡溶洞

位于宜良县,它是国家重点风景名胜区,是云南省新兴的以溶洞景观为主,融合溶洞外自然风光、人文景观、民俗风情为一体的综合性风景名胜区。

滇中胜景——碧鸡山

### ❸ 滇池

滇池位于昆明市南的西山脚下,其北端紧邻昆明市区,南端至晋宁县内,历史上这里一直是度假观光和避暑的胜地。

板凳龙舞

野山菌

过桥米线

### ❹ 翠湖

翠湖位于昆明市五华区,"九泉所出,汇而成池",故又名"九龙池"。周边还有诸多历史建筑。

### ❺ 云南民族村景区

云南民族村景区位于滇池旁边。这里按照1:1的比例精心打造,重现了云南25个世居少数民族的村寨。它汇聚了众多少数民族元素,像建筑、歌舞、服饰等,堪称"民族文化大观园"。这里民俗展示丰富多样,有布朗族的婚俗、基诺族的太阳鼓等。

第21站

# 南方丝绸之路重镇

## ——丽江

坐　标：云南省

方　言：纳西语，西南官话

面　积：约2.06万平方千米

气　候：亚热带季风气候

荣　誉：国家历史文化名城

在彩云之南,丽江宛如一颗熠熠生辉的明珠。古老的四方街,青石板路在岁月摩挲下愈发温润,街边店铺林立,纳西族特色手工艺品琳琅满目。穿城而过的溪流清澈见底,倒映着两岸依依垂柳。远处,玉龙雪山宛如一条银色巨龙,山顶积雪终年不化,在日光下闪耀着圣洁的光芒。

夜晚,古城灯火辉煌,酒吧传来的悠扬歌声,与潺潺流水声交织相和。纳西古乐悠悠奏响,讲述着这座城千年的故事,让人沉醉在这诗意浪漫、古韵悠长的氛围中,不舍离去。

## 受土知府礼遇

崇祯十二年（1639）正月二十五日，徐霞客一路跋涉来到了丽江。当丽江的人们知晓他来自中原时，对他极为敬重，礼遇有加，十分照顾。徐霞客身处异地，却感受到了如同在家乡一般的温暖与喜悦。

初九那天，徐霞客正在住处整理自己的行囊物品。突然，一阵急促的敲门声响起，原来是大把事（丽江土知府木增，即下文的"木公"）匆匆前来。大把事此番前来是专门为了表达感谢的，因为徐霞客之前帮助他校对书稿，帮了大忙。大把事带来的包袱里，装着一床铁皮褥子（一种毛织垫褥），还有四两黄金。这不仅仅是物质上的馈赠，更是对徐霞客学识和帮助的认可。

后来，徐霞客又收到了木公的信件。木公在信中诚恳地邀请他编纂《鸡山志》，并且恳请他为自己的四儿子修改文章。徐霞客心中满是欢喜，毫不犹豫地就答应了下来。于是，在丽江这片土地上，徐霞客开启了新的角色，他既是一位编书匠，精心编撰着《鸡山志》，又是一名教书先生，承担起教导木公儿子的责任。

徐霞客在丽江的日子里，不断地去探索和了解这里的一切。他通过细致的观察和深入的走访，对丽江的风土人情有了深刻的认识。这里的大多数居民都是纳西族，那些曾经在这里戍守的汉人，经过漫长岁月的融合，已经完全融入了当地的生活，他们遵循着纳西族的风俗习惯，就好像他们原本就是纳西族的一员一样。

徐霞客还发现了一个很有趣的现象，这里的姓氏与汉族有很大的不同。汉族有着各种各样的姓氏，而在丽江，只有两种姓，一种是作为官姓的木姓，另一种则是作为民姓的和姓。这让徐霞客感到十分意外，他不禁对这个独特的地方文化现象产生了浓厚的兴趣。

而且，这里的自然现象也非常奇特。有的地方只下雪，下雨的次数极少，甚至从来都没有打过雷。这些反常的自然现象，让见多识广的徐霞客都感到十分诧异。他的心中充满了疑惑，同时也对大自然的神奇之处有了更深的敬畏。

## 木家院受师礼

初十这天，徐霞客吃过早饭之后，木公就派人骑着马前来迎接他。徐霞客便欣然跟随他们前往木家大院。木公早已经安排好了一切，他派自己的儿子早早地就在木家大院等候迎接，而且多次派人来叮嘱款待的礼节。这种盛情款待，让徐霞客受宠若惊。他怀着感激和期待的心情，跟着迎接的人们走进了木公府。

徐霞客刚一进门，木府的四公子就急忙上前迎接。进入客厅之后，木四公子恭恭敬敬地向徐霞客行了礼，待徐霞客入座，木四公子敬了茶，算是正式拜徐霞客为师了。

没过多久，仆人从袖子里取出一个信封。原来，木公说自己的四儿子刚刚考入学宫，可是这里没有名师指导。所以，木公希望徐霞客能够写一篇中原风格的文章，好让四儿子知道文章的格式，还烦请徐霞客帮忙批改四儿子的文章。徐霞客欣然答应，全心全意地当起了教书先生，对木公的四儿子悉心指导。

到了吃饭的时候，木公特意准备了极为丰盛的饭菜。木四公子也十分殷勤，不停地给众人敬酒。木四公子二十多岁的样子，身材高高瘦瘦的，皮肤白净，面容长得很清秀，徐霞客对他也很是喜欢。他的礼仪举止非常得体，而且口才很好，滔滔不绝地给徐霞客讲述了很多他们这里的故事。

四公子告诉徐霞客，他们这里有很多牦牛，牦牛的力气可大了，可以驮运很多很重的东西。在顺宁府以南的地方，则有很多大象。徐霞客对这些倒还不觉得特别稀奇，可是当四公子告诉他腾越州以西还有红毛野人的时候，这可让徐霞客有些吃惊了。

徐霞客此次在木公府的经历，真的是他多年游行路上最特别的一次，也是最难忘的一次。在这陌生的土地上，他收获了尊重、友谊，还体验到了独特的民族文化。

## 《徐霞客游记》精彩片段

其地土人皆为麽些①。国初汉人之戍此者,今皆从其俗矣。盖国初亦为军民府,而今则不复知有军也。止分官、民二姓,官姓木,(初俱姓麦,自汉至国初。太祖乃易为木。)民姓和,无他姓者。其北即为古宗。古宗之北,即为吐蕃。其习俗各异云。

古宗北境雨少而止有雪,绝无雷声。其人南来者,至丽郡乃闻雷,以为异。

### 注释

①麽些(mó xiē):又作"磨些""磨沙",即今纳西族。

### 译文

这里的土著居民都是磨些。本朝初年到这里戍守的汉人,如今都随当地的习俗了。因为本朝初年也设置了军民府,如今则不再知道还有军人了。只分官姓和民姓,官姓为木,(最初都姓麦,从汉代到本朝初年,太祖洪武皇帝才改为姓木。)民姓为和,没有其他的姓。丽江府北边就是古宗,古宗的北边就是吐蕃。他们的习俗各不相同。

在古宗的北部辖境内,雨水极为稀少,有的仅仅是雪,而雷声是绝对不会出现的。那些从古宗北部来到南部的人,一直要到丽江府,才能够听到雷声。他们认为这种现象很奇异。

南方丝绸之路重镇——丽江

## 徐霞客足下的丽江

丽江市位于云南省西北部云贵高原与青藏高原的衔接地带，北连迪庆藏族自治州和楚雄彝族自治州，南接大理白族自治州，西邻怒江傈僳族自治州，东与四川凉山彝族自治州和攀枝花市接壤，距昆明市527千米。

丽江市地势西北高而东南低，最高点玉龙雪山主峰，海拔5596米，最低点华坪县石龙坝乡塘坝河口，海拔1015米，最大高差4581米。

这里植物种类繁多，是我国著名的植物保护基地之一，是云南省重点林区之一。境内有植物1.3万多种，仅种子植物就有3200余种，热带、温带、寒带植物均有分布，有许多树种属国家珍稀植物，如珍稀植物云南铁杉、红豆杉、云南榧（fěi）、水青树等。

动物资源也很丰富，国家重点保护的珍稀濒危动物滇金丝猴、云豹、豹、雪豹、猕猴、小熊猫及泸沽湖特有的宁蒗（làng）裂腹鱼等，都在这片宝地上繁衍生息。

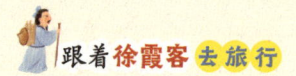
跟着**徐霞客**去旅行

# 丽江"寻宝记"

在距今约10万至5万年时,已有旧石器时代晚期智人"丽江人"在这里活动。两汉到蜀汉属越巂(xī)郡,称遂久县。西晋属云南郡,东晋到刘宋属宁州,南齐属永昌郡,唐宋时一度为大理所控制,元时为丽江路,明清为丽江府,2002年设丽江市。丽江有着悠久的历史,那么,我们在这里能找到些什么宝贝呢?

### ❶ 玉龙雪山

玉龙雪山景区位于云南省丽江市,别称玉龙,是国家首批AAAAA级旅游景区,是国家级冰川地质公园,主峰扇子陡海拔5596米。玉龙雪山是丽江知名景点之一。

纳西族东巴画

纳西族热美蹉

纳西族服饰

### ❷ 丽江古城

丽江古城,是国家级历史文化名城,始建于宋末元初(13世纪后期),坐落在丽江坝中部,是中国保存最为完整、最具纳西族风格的古代城镇。

南方丝绸之路重镇——丽江

### ❸ 玉水寨

位于丽江市区以北玉龙雪山下、纳西族文化发祥地白沙镇境内，离市区15千米。这里是纳西族东巴文化核心所在，是一个融山水自然生态之美的民族文化景区。

纳西族勒巴舞

纳西烤鱼

洋芋鸡

### ❹ 束河古镇

束河古镇位于云南省丽江市丽江古城西北方向4千米的地方。这个古镇有着千年的悠长历史，古道、集市保存完好，近千幢传统民居林立，纳西族是主要的土著居民，这里是他们早期聚居地之一。

### ❺ 泸沽湖摩梭文化旅游区

泸沽湖摩梭文化旅游区，位于丽江市宁蒗县永宁乡和四川省盐源县左所乡的交界处。这里是摩梭族人的主要聚居地。泸沽湖被赞为"高原明珠"，是云南九大高原湖泊之一。主要景点有里格半岛、格姆女神山等。

第22站

# 洱海的源头——
# 茈碧湖

坐　　标：云南省大理白族自治州洱源县

占地面积：8.46平方千米

气　　候：亚热带季风气候

著名景点：逍遥茈（zǐ）碧湖、曼妙梨园村在大理洱源，茈碧湖独树一帜，是大地馈赠的瑰宝。湖水蓝得纯粹，幽深得不见底，没有一丝杂质，仿佛一块巨型的蓝色水晶。每至花期，茈碧花从湖底袅袅升起，花茎修长，将花朵稳稳托出水面，宛如灵动的水中仙子。

清晨，阳光洒下，湖面闪烁着细碎光芒，波光潋滟（liàn yàn）。湖边，芦苇丛生，修长的苇秆在风中沙沙作响，苇穗轻盈摇曳。远处，山峦连绵，云雾在山腰缭绕，与茈碧湖相互映衬。置身此地，尘世喧嚣皆被隔绝，唯有这方澄澈湖水与悠然景致，令人心醉神迷。

## 赶赴茈碧湖

崇祯十二年二月十八日，天刚蒙蒙亮，徐霞客就起床催促吃饭，这时才发现随行的挑夫逃走了。徐霞客只好多付给店主一些钱，请店主挑着行李送他去浪穹县（今洱源县）。

他们一路往南走二里地，跨过一座石桥，沿着东边的山麓往南走七里地，来到了牛街子。他们沿着大路不停地转弯，最终来到了前往浪穹县的小路上。

徐霞客一边向浪穹县赶路，一边欣赏着沿途的美景。他们途经热水塘，见四周有民房环绕。又走了一会儿，前方忽然出现一条潺潺流淌的小溪。越过小溪后，几座高大的山矗立在眼前。他们继续往前走了一段路，才发现已经进入浪穹县境内。

徐霞客加快了脚步，大概走了有十里路，额头不觉渗出了汗水。这时，他的眼前又出现一条宽阔的大溪，大溪上有一座木桥，桥的左右都有

村舍，过了木桥不远，又遇到一座石桥。可是，这座石桥的中间已经坍塌，想要过桥十分危险，徐霞客只好改变方向，转向西南，从田间走了三里地。在那里，他发现一座小石桥，过去之后发现一片湖。徐霞客顺着湖堤一路向西走，湖岸边绿树红花，四周青山环绕，湖里漂荡着很多小船，还有茂密的水草。徐霞客看着眼前的美景，感到十分惬意。

## 游湖访友

徐霞客在湖边观赏了很久，不禁被眼前无边潋滟的湖水震撼了。这个湖名叫茈碧湖，徐霞客心想，这么好听的名字，配上这么美丽的景色，真是名副其实啊！

徐霞客往西走二里，见湖中央有个小岛，岛上住了几百户人家。岛的南边，有一块石头高高突起，足有六尺高、三丈长，模样看着像是一只乌龟。而小岛的北边，有一道蜿蜒曲折的山岗，看样子有四尺来高，十多丈长。岛的东边像是一个凌空跃起的蛇头，因此取名为蛇石。

龟和蛇交错盘绕在这个小岛上，其四周有九个沸泉腾溢的洞穴。龟的口朝向东南，蛇的口面向东北，都张着口吐出沸泉，泉水在湖内汇合。

在那块龟石上，建有一座玄武阁，阁下环绕着九个洞穴，人们又叫它九炁（qì）台。徐霞客沿着龟石向南走，正在欣赏美景，迎面走来一个僧人。

徐霞客和僧人打了招呼，僧人很和善，见徐霞客远道而来，就留他一块儿吃饭。吃过饭后，徐霞客来到岛北边的蛇冈下，这里新建了一座庵堂。然而，因为急着往城里赶路，徐霞客未能仔细游览此处，心里未免有些遗憾。

洱海的源头——茈碧湖

徐霞客等人急匆匆地赶路，不久，便来到了县城的东门。又走了大概有一里路，他们来到了护明寺，把行李放在了寺中。护明寺此时正在修缮，徐霞客放置好了行李，就进城拜访一位姓何的朋友。二人一见面都万分喜悦，大有相见恨晚之感。他们在一起饮酒聊天直到深夜，然后何公特意让自己的儿子把徐霞客送回寺中住宿。

翌日，何公在家特意备下酒饭，邀请徐霞客去一起饮酒。吃饱喝足后，众人找了两只大船，集合了八个人，一块儿坐船去湖里游玩。于船上欣赏湖光山色的美景，别有一番趣味。

徐霞客在何公家一直逗留到了二十三日，这些日子里，他们每日吃饭饮酒、四处游玩，还在一起诵诗弹琴。徐霞客的这次茈碧湖之行，充满了别样的乐趣与美好的回忆。

# 跟着徐霞客去旅行

## 《徐霞客游记》精彩片段

于是又西南行塍（chéng）间，三里，转而西，三里，过一小石梁，其西则平湖浩然，北接海子，南映山光，而西浮雉堞（dié），有堤界其中，直西而达于城。乃遵堤西行，极似明圣苏堤，虽无六桥花柳，而四山环翠，中阜弄珠，又西子之所不能及也。湖中鱼舫泛泛，茸草新蒲，点琼飞翠，有不尽苍茫、无边潋滟之意，湖名"茈碧"，有以也。

### 译文

从这里又往西南行走在田野间，走三里，转向西，又走三里，走过一座小石桥，桥西平静广阔的湖面浩浩荡荡，北边连接着海子，南边倒映着山光，而西边耸立着城墙，有堤隔在湖水中，堤一直往西通到县城。于是沿着湖堤往西行，这个堤极像西湖的苏堤，虽然没有六桥花柳，但四面青山环翠，湖中的小土山如串珠样逗弄人，又是西湖所不能赶上的了。湖中渔舟漂荡，茸茸的水草，新生的蒲草，琼玉点缀，翠色飞舞，有苍茫无边、水光潋滟的意境，湖取名"茈碧"是有原因的呀！

洱海的源头——茈碧湖

## 徐霞客足下的茈碧湖

茈碧湖位于云南省大理洱源县东北部，距洱源县城约3千米。西、北靠山，东、南连田，南北狭长，是高原断陷溶蚀洼地形成的天然淡水湖泊，是洱海上游的主要湖泊之一，也是洱海的源头，邓川坝子的灌溉水源主要靠它。

湖泊南北长6千米，东西宽最大2.5千米。湖水碧绿透明，湖中盛产的茈碧花。茈碧花属睡莲科，叶呈心脏形，浮于水面，茎长七八尺，根扎在水底泥中。这种花在夏季开花，类似莲花，多为黄白色。它的开放时间在每天中午2时至下午4时，其余时间闭合为花蕾状，清香扑鼻，也有人说湖因此花而得名。

茈碧湖有水上餐厅、游船等旅游设施。在这里旅游，你会更深刻地体会到"谁道洱河千胜景，源头此处更澄清"的意境。

# 洱源"寻宝记"

洱源因"高原明珠"洱海源发于此而得名。那么,我们在这里能找到些什么宝贝呢?

### ❶ 洱源东湖

洱源东湖位于洱源县右所镇的东部,与西湖相对应。东湖龙潭从东山脚下滚滚涌出,形成一片天然湿地。

洱源西山白族调

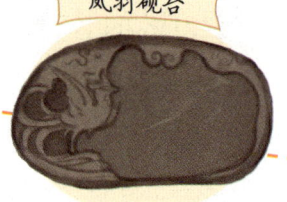

凤羽砚台

洱源雕梅

### ❷ 下山口温泉

下山口是洱源坝子三条河[弥苴(jū)河、凤羽河、海尾河]的总出水口,也是洱源和邓川两个坝子的主要通道和关口。

洱海的源头——茈碧湖

### ❸ 三坊一照壁

白族民居建筑中最基本、最常见的型式。三坊是指一面正房和两面厢房，它们和照壁组成一组三合院。

邓川牛

温泉炖鸡

生皮

### ❹ 大理西湖

大理西湖，也叫洱源西湖，洱源县凤羽镇，距大理古城40多千米。洱源西湖有六村（张家登、清水塘、东登、中登、南登、海塘）一岛。

### ❺ 凤羽镇

凤羽镇，是一座有着悠久历史的古镇，被列入了第五批中国历史文化名镇的名单之中。这里的建筑都保留着最初的模样，完全没有那种过度商业化的气息。传说凤凰在此羽化成神鸟而得名。

第23站

# 风花雪月城——

## 大理

坐　标：云南省
民　族：以白族为主的多民族
气　候：亚热带季风气候
四　景：下关风，上关花，苍山雪，洱海月
荣　誉：国家历史文化名城

跟着**徐霞客**去旅行

大理,宛如一颗遗落人间的温润美玉,静静散发着迷人魅力。苍山绵延巍峨,十九座山峰积雪皑皑,云雾常萦绕其间,宛如仙境。洱海澄澈如镜,浩渺的湖面倒映着天光云影,微风拂过,波光粼粼。

沿着洱海骑行,清风裹挟着湖水的气息扑面而来,惬意无比。大理古城内,青石板路诉说着岁月的故事,街边白族风格建筑错落有致,飞檐斗拱、雕梁画栋,精美绝伦。品尝一口地道的三道茶,先苦后甜再回味,恰似大理的生活,既有古朴厚重,又满含悠然闲适,让人一踏入,便深深沉醉在这诗画般的山水人文里。

## 赏苍山雪与洱海月

崇祯十二年三月十一日,徐霞客开启了一场令人神往的大理游玩之旅。那时候的徐霞客,怀着满心的期待,一路历经风尘,不辞辛劳地朝着大理奔去。

徐霞客一进入大理境内,就仿佛踏入了一个充满奇幻色彩的世界。这里有着闻名遐迩的"四绝"——下关风、上关花、苍山雪、洱海月。这"四绝"就像是大理的四张名片,每一张都散发着迷人的魅力。徐霞客早就对它们心驰神往,他一路跋山涉水来到此地,怎么可能不去亲眼见证它们的独特风采呢?!

在这"四绝"之中,苍山雪和洱海月的名气格外响亮。你看那苍山顶上的积雪,那可是一种极致的美。哪怕已经到了阳春三月,大地都开始复苏,处处充满生机的时候,苍山的山顶却依旧是一片冰清玉洁的世界。那厚厚的积雪,就像给苍山戴上了一顶洁白的帽子,从远处望去,壮观极了。而洱海月呢,更是充满了诗情画意。所谓的洱海月,其实就是洱海的月夜。每到这个时候,平静的湖面就像一面巨大的镜子,碧波轻轻荡漾着。天空中,一轮皎洁的明月高悬,它的倒影在水中随着

水波摇晃，就好像月亮在水中嬉戏一般。这样的画面，无论是谁看到，都会陶醉其中，徐霞客自然也不例外。他特意去感受了苍山雪的壮丽，又沉浸在洱海月的雅致浪漫之中。

徐霞客还心心念念着上关花，想要一睹它盛开时的芳容。可是，他来的时间不太凑巧，当时已经是三月中旬了，树上的花朵都已经落尽。这让徐霞客心中满是遗憾，就像一个满心期待着收到礼物的孩子，最后却发现礼物不见了一样。但是徐霞客并没有就这样放弃，他弯下腰在地上观察着花瓣，认真地研究起来。等他回到下榻的村子后，又赶忙向当地人打听这种花的情况。

当地的人告诉他，这种花盛开的时候，那香气简直能飘出十里远，所以人们都叫它十里香。徐霞客一听这个名字，仿佛就有一股浓郁的花香钻进了他的鼻子里。他的脑海里立刻浮现出一幅美好的画面：自己置身于一片花海之中，周围都是盛开的上关花，那浓郁的花香弥漫在空气中。这样想着，他的心情一下子就变得无比畅快起来。

徐霞客的脑海里一直有个记忆，他曾经读过一本志书，那上面记载着大理有一种很奇特的花，名字叫作木莲花。他心里就琢磨着，这当地人所说的十里香，会不会就是志书上记载的木莲花呢？可是他没有答案，只能带着这个疑问继续前行。不过，他是个很细心的人，在写日记的时候，还是把这个疑问记录了下来。

## 畅游蛱蝶泉

接着，徐霞客开始了新的探索之旅——畅游蛱（jiá）蝶泉（现名为蝴蝶泉）。

在大理，除了前面提到的那些美景，美丽的蛱蝶泉也是非常出名的。徐霞客作为一个热爱旅行、经验丰富的"旅游达人",早就听闻蛱蝶泉的大名。他是个行动派,说走就走。第二天一大早,他就找了个当地的居民,打听蛱蝶泉的方位。问清楚之后,他就迫不及待地踏上了前往蛱蝶泉的道路。

经过一番苦苦寻觅,徐霞客终于找到了蛱蝶泉。那是一眼多么清澈的泉水啊,泉水甘甜凉爽,喝上一口,仿佛能洗去一路的疲惫。泉水的四周,景色宜人,绿树成荫,花草繁茂,就像是一个被大自然精心打造的仙境。徐霞客向当地人打听后得知,蛱蝶泉在每年的四月份最为热闹。到了四月中旬的时候,这里就好像举办蝴蝶会。那个时候,数不清的蝴蝶就像接到了某种神秘的召唤一样,从四面八方纷纷飞来,聚集在蛱蝶泉边。它们一只只倒挂在蛱蝶泉边的树上,那场面真是格外壮观。而且,这个时候蛱蝶泉边的合欢花也盛开了,那一朵朵美丽的花朵,颜色鲜艳,形状就像一只只蝴蝶,和真蝴蝶相互映衬,真假难辨。徐霞客来得正是时候,他看到这样的美景,眼睛都看直了,心里别提有多高兴了。

人们都说,蛱蝶泉边这些美丽的蝴蝶,大概是树上那些花变成的。但是徐霞客有着自己的想法,他觉得这些蝴蝶是被花散发出的花香吸引过来的。徐霞客在这美丽的蛱蝶泉边尽情地享受着这视觉的盛宴,心里满是欢喜,最后心满意足地离开了。

## 《徐霞客游记》精彩片段

半里,有流泉淙淙,溯之又西,半里,抵山麓。有树大合抱,倚崖而耸立,下有泉,东向漱根窍而出,清冽可鉴。稍东,其下又有一小树,仍有一小泉,亦漱根而出。二泉汇为方丈之沼,即所溯之上流也。泉上大树,当四月初即发花如蛱蝶,须翅栩然,与生蝶无异。又有真蝶千万,连须钩足,自树巅倒悬而下,及于泉面,缤纷络绎,五色焕然。

### 译文

半里,有淙淙流淌的泉水,溯泉水又往西走半里,抵达山麓。有棵树,大处有一抱粗,紧靠山崖耸立着,树下有泉水,朝向东方从树根下的石窍中流出来,清澈凉爽,可当作镜子。稍往东一点儿,山崖下又有一棵小树,还是有一处小泉,也是从树根间流出来。两处泉水汇成一丈见方的池水,就是所溯泉水的上游了。泉水上的大树,在四月初就开花如同蝴蝶,触须翅膀栩栩如生,与真蝴蝶没有不同之处。又有千万只真蝴蝶,触须相连、腿部相钩,从树梢倒悬而下,垂到水面上,缤纷络绎,五彩焕然。

## 徐霞客足下的大理

大理市东与宾川、祥云、弥渡三县相连；南与巍山县相邻；西接漾濞（bì）县，以点苍山为界；北与洱源、鹤庆两县交界，总面积1738.6平方千米，其中山地面积占总面积的71.37%；坝区面积497.7平方千米，占总面积的28.63%；洱海水域面积252.8平方千米，占总面积的14.5%。

大理市地处金沙江、澜沧江、红河分水岭地带，属澜沧江水系。境内洱海蓄水量30亿立方米。境内有大小溪河100多条，除西洱河外，主要溪河有25条，全部发源于大理盆地四周的山麓，并流入洱海。

大理市是古代南诏国和大理国的都城。作为当时云南地区的政治、经济和文化中心，时间长达500余年。境内主要景点苍山、洱海是国家级风景名胜区和自然保护区，大理古城是国家历史文化名城。

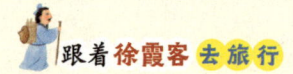 跟着徐霞客去旅行

# 大理"寻宝记"

　　大理是一个历史悠久的古城。在漫长的历史长河中,大理历经无数的朝代更迭、风云变幻,见证了无数的悲欢离合、兴衰荣辱。那么,我们在这里能找到些什么宝贝呢,一起来看看吧!

### ❶ 大理古城

大理古城位于大理市区北部、洱海西岸,又名叶榆城、紫城。古城历史可追溯至唐天宝年间,南诏王阁罗凤筑的羊苴咩城,为其新都。现古城始建于明洪武十五年(1382)。

大理市博物馆

严家大院

风情岛

### ❷ 洱海

洱海古称昆明池、洱河,是云南第二大湖泊,是国家级自然保护区。

风花雪月城——大理

## ❸ 南诏行宫

南诏行宫是南诏风情岛上的主体建筑，是南诏王避暑行宫的简称。南诏（649—902）在历史上曾建过3个都城，大理的太和城便是其中之一。今天的南诏行宫是依照古时宫殿所建，展示了历史风情。

蝴蝶泉

大理乳扇

彝族打歌

## ❹ 南诏风情岛风景区

南诏风情岛风景区，位于洱源县双廊村西南面的洱海中。岛上发现了新石器时代遗址与古墓葬，出土了石刀、石斧等诸多文物。岛上有一座"沙壹母"铜雕，其背后立着10根石柱。

## ❺ 崇圣寺三塔

三塔由一大二小组成。大塔叫千寻塔，是16级方形密檐式空心砖塔，有着典型唐代建筑风格。南北小塔轮廓为锥形，是宋代风格。1961年成为第一批全国重点文物保护单位。

第24站 之旅

# 跨国长河——
# 澜沧江

坐　　标：青海，西藏，云南三省区
所属水系：澜沧江—湄公河水系
流域面积：79.5万平方千米（中国境内16.48万平方千米）
全　　长：4688千米（中国境内2354千米）

跟着 徐霞客 去旅行

在云岭大地的褶皱深处，澜沧江宛如一条被岁月打磨的青色绸带，从青藏高原奔腾南下，在滇西南的群山中勾勒出磅礴画卷。它时而劈开陡峭的峡谷，让两岸危岩如刀削斧劈，水流在巨石间激荡出雪白的浪花，轰鸣声响彻山谷；时而漫过平缓的坝子，与傣家竹楼、橡胶林、香蕉园温柔相拥，水面倒映着蓝天白云，偶有竹筏划过，惊起层层涟漪。

雨季时，两岸植被疯长，浓绿的藤蔓攀附峭壁，野花在湿润的风中摇曳，蝴蝶与白鹭追逐着粼粼波光。流经西双版纳时，它一头扎进热带雨林的怀抱，参天古木在岸边列队，榕树的气根垂入水中，仿佛大地与河流在私语。当夕阳为江面镀上金辉，傣家人的歌声从竹楼飘来，与澜沧江的涛声交织，谱成一曲永不落幕的山水乐章，诉说着边疆的富饶与壮美。

## 澜沧江迷踪

崇祯十二年三月二十八日,徐霞客在山中四处探寻,偶然间发现了一条隐匿在山间的小河。乍一看,这条小河真的是太普通了,河水潺潺地流淌着,水流很细小,就像一个羞涩的小姑娘,一点儿也不引人注目。可是徐霞客是谁呀?他可是有着敏锐洞察力的探险家,对科考工作有着浓厚的兴趣,只要是他感兴趣的事情,他就会积极地去探索,努力破解隐藏在其中的秘密。

徐霞客仔细地打量着这条小河,突然,他惊奇地发现,这条小河和其他几条溪流汇聚后,注入澜沧江,接着就一路向南,流向那浩瀚无垠的大海。徐霞客是多么细心呀!这么一个毫不起眼的小问题,都被他研究得明明白白。

经过不断的探索，徐霞客在心中对这条山间毫不起眼的小河的兴趣越来越浓厚了。通过研究，澜沧江的源头与流向，他已经梳理得清清楚楚。前人认为，礼社江与澜沧江汇合后称为元江。他经过考察发现，澜沧江乃是与蒙化府的漾濞江和阳江相汇合，而并非礼社江。他觉得澜沧江与元江毫无关联，因为这两条江中间隔了一道山，就像两个被隔离的世界，根本不可能存在任何交集。徐霞客还注意到，澜沧江边有瓦窑山，乃是永平州和云龙州的分界线。

徐霞客这种孜孜不倦的探索精神，就像一盏明灯，照亮了人们探索未知的道路。他不完全相信前人的资料，对任何事物都充满好奇，并且愿意付出努力去探究真相。这种精神是非常值得我们学习和敬仰的。

## 跨越铁索桥

徐霞客继续前行，来到了一座铁索桥前。在铁索桥头建有诸葛武侯的祠堂，还设有收税的关卡。虽然只隔着一道澜沧江，但是桥南北的地貌完全不同，桥北是陡峭的石崖，而桥南是土崖。桥下澜沧江水浊流翻滚，看上去令人惊心动魄。

与徐霞客曾经走过的盘江桥相比，这座桥的结构十分新奇，将交错的铁索连接在两岸之间，比盘江桥用横向铁索承载桥面更加坚固。据说这座桥始建于诸葛武侯南征之时，后代多次重修，才变成现在的样子。徐霞客着急过桥，没有到诸葛武候祠内祭拜，感到非常遗憾。江对岸是陡峭的罗岐山，徐霞客沿着江边的悬崖小心地前行，不知道走了多远，帮助他挑行李的和尚实在走不动了，他们只好找个地方借宿。

## 别有洞天的水寨

在峡谷中,有一些村落零星分布,人们在其中耕种,一块块田地排列整齐。继续沿着山谷曲折前行,看到一处山洼,四周的山峰像城墙一样围着中间的洼地,洼地近乎圆形,底部像镜面一样平坦,人们在其中开垦出千亩良田。洼地里的村庄桑麻遍地,鸡犬相闻,很有烟火气。没想到在高高的悬崖之下,竟然有这样的世界,这就是水寨。原来听说过水寨的名字,徐霞客以为翻过山就可以到达,没想到山洼中如此平坦,水流汇聚到这里,只有山达关这边有个缺口让水流出。陶渊明笔下的武陵桃源,也不能和这里相比。这里堪称云南第一胜景,因为就在小路旁边,反而不被人们重视。

## 跟着徐霞客去旅行

### 《徐霞客游记》精彩片段

平明行,即曲折南上。二里余,转而西,其山复土尽而石,于是沧江东南从大峡去,路随小峡西向入。西一里,石崖矗夹,有水自夹中坠,先从左崖栈木横空度,即北向。叠磴夹缝间,或西或北,曲折上跻甚峻。两崖夹石如劈,中垂一霤①,水捣石而下,蹬倚壁而上,人若破壁扪②天,水若争道跃颡③,两不相逊者。夹中古木参霄,虬枝卷曲悬磴,水声石色,冷人心骨,不复知有攀陟(zhì)之苦,亦不知为驱驰之道也。上二里,有庵夹道,有道者居之,即所谓山达关也。由其后又西上,路分为二,一渡水循南崖,一直上循北崖,共一里余而合,遂凌石峡上。余以为山脊矣,其内犹然平峡,水淙淙由峡中来,至是坠峡石东下,其外甚峻,其内甚平。

### 注释

①霤(liù):向下流的水。
②扪(mén):触摸。
③颡(sǎng):前额,这里指山岩间的缝隙。

### 译文

天亮上路,沿着曲折的道路向南攀登而上。走了两里多,转向西方,土山都变成了石山,澜沧江在东南方的大峡谷中奔腾,我们沿着小路,从一条小峡谷向西而入。走了一里地,两边石崖矗立,一条溪流从峡谷中下坠,先从左崖栈道横空而出,然后向北奔流。沿着岩壁缝隙中的台阶前行,或西或北,盘旋曲折,越往高处越险峻。中间一道瀑布,水流敲打着岩石而下,台阶沿着石壁而上,人好像冲破石壁、触摸天空,水好像争着跃出山门,两者互不相让。峡谷中古木参天,虬枝悬在台阶上空,水声石色,令人内心感到清凉,而忘记了攀援跋涉的辛苦,也不知脚下道路的艰险。往上走二里,有一处庵堂夹道而建,有道人居住在里面,这就是所谓山达关了。继续往西向上攀登,在岔口,道路通向两个方向,一条路渡过溪流到南侧的山崖,另一条向上沿着北面的山崖前行,往前一里地,两条道路会合,就到了峡谷之上。我以为这是山脊,但是上去才知道,仍然是平坦的峡谷,峡谷中流水淙淙,从东侧的石崖飞流直下,这条峡谷外山势陡峭,而里面非常平坦。

## 徐霞客足下的澜沧江

澜沧江是一条国际河流。它发源于青藏高原中部唐古拉山东北麓，向东南流至西藏昌都时，与右岸支流昂曲相汇，而后继续向南奔涌，穿行于他念他翁山与宁静山之间。再南流至云南省境内，于西双版纳傣族自治州的景洪县流出中国国境，流出中国国境后称湄公河。湄公河南流，成为缅甸、老挝及泰国的界河，流经柬埔寨，最终于越南南部注入南海。它是世界第七长河，亚洲第三长河，东南亚第一长河。澜沧江—湄公河全长4688千米，有漾濞江、威远江、补远江等支流。

澜沧江流域建有无量山国家级自然保护区、西双版纳国家级自然保护区、纳板河国家级自然保护区等自然保护区。

# 保山"寻宝记"

保山是人类文明的发源地之一。境内所发掘的"蒲缥人"遗址中,出土房屋遗迹、用火遗迹、劳作工具、动物化石等可资鉴定的实物标本2300余件,经鉴定至少有8000年的历史。那么,在保山这个古老的地方,都藏着一些什么宝贝呢?

## ❶ 和顺古镇

和顺古镇,位于云南省保山市腾冲县,是云南省著名的侨乡,并且是茶马古道上非常重要的城镇。古镇里留存着众多明清时候的特色建筑,这些被誉为"中国古代建筑的活化石"。陷河湿地、千手观音古树群、总兵府等景点也在古镇里。

滇西抗战纪念馆

保山玛瑙雕刻技艺

金鸡土陶烧制技艺

## ❷ 腾冲北海湿地

腾冲北海湿地,是云南省保山市国家级湿地保护区,面积超16平方千米。此地风景佳且生物多样。它由青海、北海两湖构成,湖上浮着一米厚的草排,像五彩大花毯。

跨国长河——澜沧江

### ❸ 金鸡古镇

金鸡古镇位于保山市区以北的金鸡乡，古镇的历史可以追溯到东汉时期。随着西南陆上丝绸之路的开辟，金鸡古镇成了商旅云集的所在。今天，古镇上还保留着大量明清到近代的民居、寺庙等老建筑，以及诸多历史名人留下的足迹。

腾冲纸伞

赶马肉

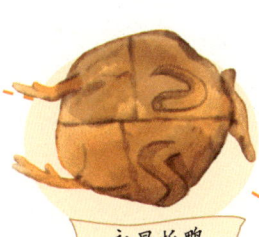

永昌板鸭

### ❹ 火山热海旅游区

火山热海旅游区位于祖国西南边陲的腾冲，为国家AAAAA级景区，是中国三大地热区之一，早在明清时期就享有"一泓热海"的美誉。这里分布有80余处温泉，还聚集了腾冲较大的气泉，有喷气孔、冒气地面等景观。

### ❺ 太保山森林公园

太保山森林公园地处保山市隆阳区，是保山唯一的城市森林公园。这里以自然山体森林为主要景观，原生阔叶林保存完好。四季景色不同，夕阳下林色绚烂，有"西山晚翠"之美。园内还有易罗池、名人堂、武侯祠等景观。

# 世界物种基因库——
# 高黎贡山

坐　标：云南省西部
走　向：近南北走向
主　峰：嘎娃嘎普峰
海　拔：5128米
气　候：亚热带季风气候
级　别：国家级自然保护区

在滇西北横断山脉的褶皱里，高黎贡山如一条俯卧的翡翠巨龙，横亘在怒江与龙川江之间。这里是地球生物的诺亚方舟，从山脚到海拔5128米的主峰，垂直气候带勾勒出立体的生态画卷：河谷间热带雨林郁郁葱葱，藤萝交织如绿色迷宫；山腰处温带阔叶林四季更迭，春有杜鹃花燃遍山岗，秋有红枫染透层峦；雪线之上，冰峰与草甸相映，云雾在裸露的岩石间游走，恍若仙境。

山涧清泉奔涌，在苔藓覆盖的巨石上溅起银珠，汇入湍急的溪流。清晨，晨雾在峡谷间弥漫，将千亩草甸笼罩成缥缈的秘境，麂（jǐ）子在林下踏响落叶，长臂猿的啼叫穿透雾霭。珍稀的西藏红豆杉扎根岩缝，树龄逾千年的古银杏在秋风里抖落金甲，树蛙斑斓的体色与寄生兰花相得益彰。当夕阳为雪山镀上金边，山风掠过原始森林，林涛如万马奔腾，高黎贡山以最野性的姿态，诉说着地球生命的壮丽与神奇。

## 峡谷摘红花

崇祯十二年四月十一日,徐霞客早上刚听见鸡打鸣,就匆忙起床准备早饭。草草吃了早饭,天才刚刚亮,他便从村西出发,朝着北方,沿着西面的大山前行。

徐霞客一路脚步匆匆。在路途之中,他瞧见了一条潺潺流淌的小溪。于是,他顺着溪流往北走,随着脚步的迈进,前方的地势变得越来越高,就像是向上攀登山崖一样。就这样,他大约走了八里路,来到了石子哨。

不久,徐霞客发现一条峡谷。他沿着峡谷上行,发现一大片盛开的红花,那红花娇艳欲滴,显然已到了采收时节。徐霞客摘了一朵红花拿在手上,放在鼻前闻了闻,然后继续向高黎贡山的深处进发。

徐霞客一路翻山越岭,途中经过了大坂铺、湾子桥,跋山涉水到达了古盘蛇谷。这里正是当年蜀汉丞相诸葛亮火烧藤甲兵的地方。徐霞

客观察了一下四周的环境，才发现这里无比险峻，心里不觉涌出了此地险冠滇南的感慨。

徐霞客在这里观察良久，又继续赶路。他继续在这崇山峻岭之间艰难地跋涉着，道路十分崎岖，他累得气喘吁吁，汗水湿透了衣衫。即便如此，他仍然咬着牙坚持前行了几里路。终于，他看到江岸边有两三户人家，村前还有一处公馆。此时的徐霞客又累又饿，匆忙走过去，打算歇歇脚。

## 山间忆诸葛

徐霞客乘船渡江，当船行至江南的山崖附近时，天空突降暴雨。徐霞客在船舱中向外看，发现山崖的西边，有一棵巨大的树，那树长得郁郁葱葱。徐霞客目测，树干至少要十个人才能抱住，树中间居然还有一座石塔。徐霞客急忙来到树下，细细观赏起来，这也算是旅途中的一次奇遇。

不多时，江面上刮起了大风，雨雾很快被吹散。雨停了之后，徐霞客望见西北的山峰极为高峻。徐霞客过江后步行向前进发，走了二十几里路，来到了磨盘石。这里有百十户人家聚居。他们的房屋坐落在山头上，东边面临悬崖绝壁，峡谷的凹陷处非常深。在这个峡谷的东南边，是一大片农田。田里种着庄稼，长势喜人。

这一夜，徐霞客背靠着山峰，在山间露宿。皓月当空，徐霞客在寂静的月夜沉思。这里正是高黎贡山的东峰，他想起了诸葛亮等人，顿觉人生短暂，心中感慨万千。

十二日一早，徐霞客就出发了。此处位于高峻的山峰之上，周围分布着众多居民的房屋。徐霞客由磨盘石向西南上山，下面的峡谷幽深无比,站在上面,隐隐约约能够听到下方传来潺潺的流水声。

这里山高林密,在白天,不时还能听到猿猴鼯鼠的叫声。徐霞客继续向西行进,走了十几里路,登上了山崖,又走了一段路,登上了山脊。

徐霞客站在山脊上远眺,只见西边有一座高高的尖峰。在那尖峰的西北边,排列着一道道高大而挺拔的山脊。这就是传说中的高黎贡山,本地的人都将其读成高良工山,又称为昆仑冈。其实,这座山恰好是昆仑山向南延伸的支脉中的正脉,从这一点来看,方言所说还是有一定道理的。

徐霞客眺望了很久,尽情地欣赏了高黎贡山的倩影,然后继续上路,向远处进发。

## 《徐霞客游记》精彩片段

从桥西稍南上坡,不半里,其水从左峡中透空平坠而下,崖深十余丈,三面环壁。水分三派飞腾,中阔丈五,左骈崖齐涌者,阔四尺,右嵌崖分趋者,阔尺五。盖中如帘,左如布,右如柱,势极雄壮,与安庄白水河齐观,但此崖更近而逼。从西崖绕南崖,平对而立,飞沫倒卷,屑玉腾珠,遥洒人衣面,白日间真如雨花雪片,土人所称久雨不晴者以此,但"雨"字当易"旱"为是,用"雨"字则叠床架屋矣。

### 译文

从桥西稍往南上坡,不到半里,江水从左边的峡谷中穿过空中平缓下坠,悬崖高十多丈,三面环绕着石壁。江水分为三股飞腾而下,中间的宽一丈五;左边与山崖并排一齐奔涌的,宽四尺;右边嵌入山崖分流的,宽一尺五。大体上中间的如门帘,左边的如布匹,右边的如圆柱,气势极为雄壮,与安庄的白水河一样壮观,但这里因山崖更加靠近而狭窄。从西面的山崖绕到南面的山崖,面对瀑布站着,飞溅的水沫倒卷而下,似玉屑珍珠飞腾,远远洒在人的衣服和脸上,白昼之间真如雨花雪片,当地人所称的"久雨不晴"的原因是因为这个。但是"雨"字应该改为"旱"字为好,用"雨"字那就重复了。

## 徐霞客足下的高黎贡山

高黎贡山,又名高良工山、昆仑冈,源于景颇语,为"高日贡"的译音,意为"高黎家族的山"。

高黎贡山在横断山脉里的最西边,就山的高度以及宽度而言,它相较于云岭、怒山都要小一些。高黎贡山在地理位置上极为特殊,其北面连接着广袤的青藏高原,南端则与中南半岛相接。这种独特的地理位置使得高黎贡山无论是从气象学的角度,还是生物学的视角去考量,都呈现出一种从南到北的过渡性特征。这里森林资源极其丰富,珍稀植物随处可见。例如,这里生长着世界上最大的杜鹃树种——大树杜鹃,还有高盆樱桃、滇山茶,以及其他珍稀植物,是中国珍稀植物的绿色宝库。

这里生活着很多野生动物,被誉为"哺乳动物祖先分化"的发源地。保护区内生活着各种野生动物。贡山羚牛,是高黎贡山的本土动物。此外,还有长臂猿、懒猴、黑叶猴、云豹、金猫等。

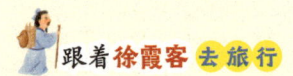

# 怒江州 "寻宝记"

怒江州在汉代分属越嶲、益州、永昌等郡。到了魏晋时期，其又分属永昌、云南、河西等郡。隋时属南宁州，后被吐蕃、南诏、大理等控制，元时分属丽江路和大理路，明时属丽江府和永昌府，清时属丽江府、永昌府和大理府。1954年8月23日，怒江傈僳（lì sù）族自治州设立。由此可以看出，怒江州有着悠久的历史。那么，这里有些什么宝贝呢？

### ❶ 怒江第一湾

贡山县丙中洛乡政府附近，平缓的怒江在这里转了一个马蹄形大弯，这就是"千里怒江第一湾"。

傈僳木刮

达比亚舞

老窝火腿

### ❷ 双纳瓦底老虎跳峡谷

在距离怒江州府六库50千米处怒江峡谷骤然变窄，傈僳语称"腊玛登培"，意译为老虎跳峡谷。老虎跳峡谷全长10千米。江水奔腾，水急滩高，气势慑人。

世界物种基因库——高黎贡山

### ❸ 石月亮

石月亮位于福贡县利沙底乡怒江西岸。月亮山上有一个天然孔洞，宽32.7米，高60米，厚2米，当地傈僳族称此洞为"亚哈巴"（石月亮），月亮山因此而得名。

石板粑（bā）粑

傈僳族手抓饭

漆油鸡

### ❹ 玉水坪遗址

玉水坪遗址，是从旧石器时代一直延续到新石器时代的古遗址。这里出土的陶片有网纹、曲线纹装饰，器壁薄厚不匀、烧制温度低。石器是砾石质地，像石斧、石锛（bēn）、月牙形石刀等都磨得光滑。2013年5月，它被国务院公布为第七批全国重点文物保护单位。

### ❺ 怒江大峡谷

怒江大峡谷，位于云南省怒江州，呈南北走向。它全长600多千米，云南段就有300多千米，平均深度2000米，云南贡山县丙中洛镇一带最深，达3500米，被称为"东方大峡谷"。

第26站

# 三折云梯——
# 云峰山

坐　　标：云南省腾冲市

山脉长度：200千米

海　　拔：2449米

气　　候：亚热带季风气候

级　　别：国家AA级景区

在滇西腾冲的云雾深处,云峰山如一位遗世独立的隐士,披着青灰色的蓑衣,静立在天地之间。这座道教名山以"三折云梯"闻名,千级石阶沿陡峭岩壁蜿蜒而上,仿佛一条悬于半空的玉带,串联起云海、古树与道观。清晨的山岚在谷底翻涌,将整座山峰托举成漂浮的蓬莱,古老的银杏与香杉扎根岩缝,虬曲的枝干间缠绕着蕨类与石斛,恍若仙人随手抛下的绿纱。

山巅的云峰道观始建于明代,飞檐翘角悬于悬崖边缘,殿内香火缭绕,与山间的岚气融为一体。登临观顶,云海在脚下翻涌,远处高黎贡山的雪峰若隐若现,山风掠过铜铃,叮咚声里仿佛传来百年前道士修行的清唱。石阶旁的摩崖石刻布满苔痕,记载着历代文人的惊叹;半山腰的"观音岩"上,飞瀑从百米高处跌落,在阳光里幻化成七彩虹桥。

云峰山的美,是自然鬼斧与人文匠心的私语,每一步攀登,都是向云端仙境的靠近,让人流连于这超凡脱俗的清幽与壮美。

三折云梯——云峰山

## 勇闯云峰山

崇祯十二年四月十二日,徐霞客翻越高黎贡山,来到了腾越州(今云南省腾冲市),这里距离缅甸很近。

徐霞客本就是一个充满探索精神的人,他那颗永远充满好奇、不安分的心,在到达腾冲的那一刻,突然就冒出了一个极为大胆的想法。他想走出国界,到缅甸去看一看。要知道,在他所处的那个时代,没有飞机,没有高铁,没有汽车,出行全靠自己的双腿。在现代,出行非常方便,飞机可以让我们快速地到达遥远的地方,高铁也能舒适地载着我们穿梭于各个城市之间。可是,即便有这么便利的交通条件,很多人一辈子都没有走出过自己所在的省份。相比之下,徐霞客仅仅靠着自己的双腿行走,却有着到缅甸去探险的想法,这是多么勇敢无畏啊。

有了这样的想法之后,徐霞客就开始向本地人打听去缅甸的一些注意事项。这时候,当地有一位姓潘的秀才知道了他的想法。秀才心

跟着徐霞客去旅行

想,这可不行啊,出国可不是一件小事,那是充满危险的。于是,潘秀才很诚恳地告诉徐霞客,出国这件事非常危险,一定要谨慎考虑,可不能轻易就动身啊。后来,住旅店的老人也劝徐霞客不要前往。

徐霞客听了他们的话,心里那叫一个遗憾。他转念一想,既然不能去缅甸了,那也不能就这么掉头回去,腾冲这个地方肯定也有很多值得看的地方,那就好好地在这里游览一番吧。

后来,旅店老板告诉他,这附近就有一个名叫"尖山"的地方,这个尖山有很多灵异之处。徐霞客一听,马上就来了兴致。他赶紧去了解尖山的情况,得知尖山距离腾越州有一百多里地,而且是在西北方向。

可是,徐霞客当时并不知道,他即将要去的这个地方,距离中缅边境不足百里。那尖山可不是一个普通的地方,那里的群山地形复杂得很,而且有野人和瘴气。人一旦进入其中,就会面临各种各样的危险,所以很少有人敢去那里探险考察。

但是,勇敢的徐霞客可不怕这些。他打听到准确的位置之后,第二天一大早就出发了。

## 探索河流关系

他满心期待地朝着尖山赶去,行色匆匆,不久就来到了这里。

一进入尖山,徐霞客就被眼前的景象震撼了。这里山高林密,那一座座山高耸入云,山上的树木郁郁葱葱。而且这里不只有山,还有好几条河。徐霞客怀着无比激动的心情前行,他的眼睛里满是好奇。

腾越州的山脉,属于横断山脉的一部分。这个横断山脉,是从青藏高原延伸过来的,就像一道道巨大无比的围墙一样,占据了云南西部的一大片地方。这些山脉高耸入云、拔地而起,就像屏障一样。它们不

仅仅隔断了东西方向的交通，还让一些水流在这些"墙壁"之间汇聚起来，形成了一条条河流。这些河流都是南北走向的，其中有些河流的水流很平缓，非常适合船舶航行。于是，这里就逐渐成了船舶运行的交通走廊，很多商人都满载着货物，经由此处的水路来来往往。

这里一共有三条河，这三条河的河水就像一个个欢快的精灵，一路唱着欢快的歌曲，汹涌澎湃地朝着附近的金沙江奔去，最后和金沙江合为一体，然后从层层包裹着的群山之中流出去。

在当时，有两条江都叫金沙江，这也许只是巧合。这里的金沙江，不是那条著名的金沙江，它就是今天的独龙江，是缅甸伊洛瓦底江的源头。而那条发源于唐古拉山的金沙江，穿越了川、藏、滇三个省份之后，到四川宜宾称长江，然后一路向东流，最后汇入了东海。

徐霞客在山里的时候，通过自己仔细的观察，弄清楚了这些河流之间的关系。这对他来说，也是一件非常令人兴奋的事情，也算是收获颇丰了。

跟着 徐霞客 去旅行

### 《徐霞客游记》精彩片段

晨起,候主人饭,欲为尖山之行。其山在州城西北百里。先是主人言其灵异,怂恿余行,故谋先及之。乃以竹箱、衫、毡寄杨主家,挈<sup>①</sup>轻囊与顾仆行。从南门外循城西行,半里,过新桥,巨石梁也。桥下水自北合三流,襟<sup>②</sup>城西而南,过此南流去,即所谓大盈江矣。

**注释**

①挈:提起。
②襟:屏障于前。

**译文**

清晨,早早地起了床,等候店主人开饭,因为心中早已盘算好了,今天要出发前往尖山。尖山,位于州城西北一百里的地方。之前听店主人讲起过尖山,说那是一座充满灵异色彩的山。店主人绘声绘色地描述着尖山的种种神奇之处,怂恿我前去,于是我下定决心,先到尖山去探个究竟。我把竹箱、衣衫还有毡子这些东西都寄放在杨姓主人家里,然后就轻装上阵,带着顾仆一同踏上了旅程。从南门外出发,沿着城墙朝着西边前行,没走多远,大概半里路的样子,就看到了一座新桥,这是一座巨大的石桥。站在桥上往下看,桥下的水是从北边汇聚了三条水流而成的,这些水流绕过城西后,就往南流去,经过这座桥之后,继续向南奔腾而去,这水流就是人们所说的大盈江了。

## 徐霞客足下的云峰山

云峰山，又名尖山，在今腾冲城区北的瑞滇乡，是国家 AA 级风景名胜区。它的海拔达到了 2449 米，山峰又峭拔又奇秀，从远处看，那山峰就像玉笋一样直直地插入云霄之中。峰腰那里，一年四季都被云雾环绕着，整座山峰看起来就像是超凡脱俗的人间仙境，所以人们才给它取名叫"云峰山"。

这座山不但有着峭壁悬崖，地势极为险峻，还有 2685 级石阶弯弯曲曲地延伸到山顶。有些路段是直接在悬崖上凿出的梯子，这时候就必须用手攀着铁链才能一级一级地往上走。通往山顶的路蜿蜒曲折，要转折三次，所以才有"三折云梯"这样的称呼。

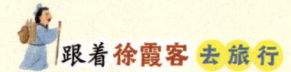

# 腾冲"寻宝记"

腾冲古时曾称"藤冲""腾越",1913年设腾冲县,2015年改为县级市。由此可以看出,腾冲是一个古老的地方。那么,这里有什么宝贝呢?

## ❶ 腾冲文庙

腾冲文庙位于腾冲城区,是一处规模宏大的建筑群。其始建于明成化十六年(1480),于光绪年间进行了重修,是怒江以西唯一保存较为完好的学宫。

国殇墓园

绮罗文昌宫

英国领事馆旧址

## ❷ 腾冲地热火山国家地质公园

腾冲地处印度洋板块与亚欧板块交界处,地壳运动明显,地热资源丰富。腾冲火山地热国家地质公园里,分布着多座形态完整的火山锥,我们不仅可以攀登火山,还可以乘坐热气球从空中欣赏这一地壳运动的神奇产物。

三折云梯——云峰山

## ❸ 腾冲神柱谷

腾冲神柱谷总面积达2平方千米，景区内的柱状火山岩形成于约4万年前，是国内迄今为止发现的规模最大、保存最完整、最年轻的柱状节理。

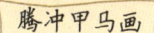
腾冲甲马画

大救驾

稀豆粉

## ❹ 叠水河瀑布

叠水河瀑布，被誉为"大盈江上第一瀑"，是世界上极为罕见的火山湖瀑布，而且是中国唯一的城市瀑布。大盈江水从百尺高的断崖上飞流而下，便形成了无比壮观的叠水河瀑布。

## ❺ 江东银杏村

江东银杏村位于云南省保山市腾冲市固东镇东南角，离腾冲城区30多千米。这里有3万余株银杏树，其中树龄超过百年的古银杏树就有1000余株。

第27站 之旅

# 华夏第一佛山——

# 鸡足山

坐　标：云南省大理州宾川县

主　峰：天柱峰

海　拔：3248米

气　候：亚热带季风气候

级　别：国家AAAA级旅游景区

跟着**徐霞客**去旅行

在滇西苍山洱海之间,鸡足山如一只敛翅静立的神鸟,以"前列三峰,后拖一岭"的奇伟形态傲视苍穹。这方佛教圣地集雄奇与灵秀于一体:登临金顶,极目四望,苍山雪冠、洱海银辉尽收眼底,云海翻涌时,群峰若浮若沉,恍若蓬莱仙境。山间古木参天,千年银杏在深秋抖落金甲,百年古柏盘曲如虬龙,藤蔓与杜鹃花在岩缝间肆意生长,将山体染成绚丽的锦缎。

迦叶尊者"守衣入定"的传说为山岩赋予神性,祝圣寺、悉檀寺等古刹隐现于云雾深处,红墙青瓦与苍松翠竹相映成趣。清晨,晨钟穿透雾霭,惊醒枝头灵雀;暮鼓回荡山谷,惊起归巢倦鸟。最动人心魄的是晴日破晓,金顶寺的铜瓦在第一缕阳光中鎏金,万千佛光自云海喷薄而出,仿佛天地在此刻与信仰温柔相拥。鸡足山的美,是自然鬼斧与千年禅意的私语,每一道山褶里都藏着岁月的偈语,让朝圣者与游人皆沉醉于这方"佛国灵山"的苍茫与清幽。

## 鸡足山养病

徐霞客的一生，最喜欢折腾，大部分时间都在旅游、探险、考察，直到五十三岁那年，徐霞客才感到格外疲惫。

因为常年在山野林莽中穿梭，饥一顿饱一顿，徐霞客的生活很不规律。何况那时候的旅行，都是靠着双腿徒步，徐霞客一走就是千万里，这么远的路途，就算是一台机器恐怕也顶不住，何况他只是一个血肉之躯！

崇祯十三年（1640）八月，徐霞客来到鸡足山后，身体很快就开始不舒服。他的脸上、手上、脚上出了一块块疹子，奇痒无比。

开始的时候，徐霞客并没有当回事，以为只是身上长了虱子，他在自己的衣服上翻来覆去地寻找，却没有找到虱子的踪影。徐霞客这才发觉不对劲，意识到自己是中风了。

跟着徐霞客去旅行

果然，徐霞客的病情越来越沉重，身体也越来越虚弱。这一场大病来势汹汹，徐霞客再也没力气东奔西跑，只能躺在鸡足山的床上养病。

幸好，鸡足山上有很多寺庙，有几个和尚懂医术，在和尚们的帮助下，徐霞客这才稳住了病情，不过身体还是十分虚弱。

徐霞客只好静下心来，阅读寺庙中收藏的古书打发时间，也正是这一场大病，为他一生的旅行画上了句号。

## 因病返乡

徐霞客在鸡足山养病期间，和尚们用草药浸泡过的温泉水帮助他恢复病体。鸡足山上植被茂密，环境非常好，这里的和尚也很有学问，时常能陪徐霞客聊天。徐霞客在这里养病，日子也过得很舒心。

徐霞客待身体稍微有好转，便去考察鸡足山的一些山脉和峡谷，回到寺庙后把所见所闻写成日记，这也是他万里遐征日记的结束篇。

徐霞客在养病期间，除了与和尚们一起探讨学问，还抽空写了好几篇很有价值的论文。偶尔兴起时，徐霞客还为和尚们写了两首诗，送给和尚们珍藏。至今，徐霞客的这两首诗的手迹还保存在云南省博物馆里。

徐霞客的一生，足迹遍布浙江、江西、湖南、广西、贵州、河南、山西、陕西、云南等多地。一路上山高路远，徐霞客仅凭两条腿，足迹踏遍了祖国的大半河山，他该有多么坚韧的毅力啊！

陪伴徐霞客旅行的两个同伴，结局说起来令人唏嘘不已。静闻和尚不幸染病去世。徐霞客的仆人老顾，原本在这一路上忠心耿耿，可谁能想到，就在徐霞客被病魔击倒的时候，竟然做出了令人不齿的事情——偷走了徐霞客的所有财物，然后消失得无影无踪。

老顾的这种背叛行为,对徐霞客来说,无疑是一个巨大的打击。要知道,当时徐霞客正处于病痛之中,身体和精神都极为脆弱,而老顾的离去,就像是在他本就受伤的身心上撒了一把盐。但是,徐霞客并没有选择去报案追究老顾的责任。从这件事情上,我们就可以清楚地看到徐霞客那宽厚的品性。

之后,徐霞客留在鸡足山调养身体。然而,他的身体状况却越来越糟糕,双腿逐渐失去了力量,到最后完全不能走路了。这个时候,丽江府的少数民族首领木氏土司,得知了徐霞客的情况,展现出了极大的善意,专门派了人用轿子送徐霞客回家。

轿子一路前行,徐霞客实在难以忍受轿子的颠簸。幸运的是,当行至湖北东部的时候,黄冈县的一个官员听说了这件事,热心地派船将徐霞客送回了老家江阴。

就在崇祯十三年,那个一生都对旅行充满热爱、在大好河山中留下无数足迹的徐霞客,结束了他那充满传奇色彩的旅行生涯。他回到家乡,在那里平静地度过自己最后的时光,第二年正月告别了人世。

## 《徐霞客游记》精彩片段

二十九日 为弘辨师诞日,设面甚洁白。平午,浴于大池。余先以久涉瘴地,头面四肢俱发疹①块,累累丛肤理间,左耳左足,时时有蠕动状。半月前以为虱也,索之无有。至是知为风,而苦于无药。兹汤池水深,俱煎以药草,乃久浸而薰蒸之,汗出如雨。此治风妙法,忽幸而值之,知疾有瘳②机矣。下午,艮一、兰宗来。体师更以所录山中诸刹碑文相示,且谋为余作揭转报丽江。

### 注释

①疹:皮肤上出现的斑块病变。
②瘳(chōu):病愈。

### 译文

二十九日是弘辨禅师的生日,摆出的面食十分洁白。正午,在大池中洗澡。我先前由于长期跋涉在瘴疠(lì)之地,头脸四肢全引发了块状的疹子,密密麻麻丛聚在皮肤纹理之间,左耳左脚,时时有蠕动的症状。半月前以为是生了虱子,找了又没有。到此时心知是中风,但苦于无药。这里的温泉池水很深,全是用药草烧煮的,于是长时间浸泡在水中薰蒸,汗出如雨。这是治中风的妙法,幸好忽然间遇上了它,知道疾病有痊愈的机会了。下午,艮一、兰宗来到。体极禅师再拿出他所抄录的山中诸寺的碑文给我观看,并且计划为我写揭帖转报丽江府。

华夏第一佛山——鸡足山

## 徐霞客足下的鸡足山

鸡足山，位于云南省大理州宾川县，为国家AAAA级旅游景区，因山峰形似鸡爪而得名。鸡足山南北7.5千米，东西15千米。

鸡足山是享誉南亚、东南亚的佛教圣地，中国十大佛教名山之一，是大理的重要景点，是以展示佛教文化和生态景观为主的集佛事朝拜、佛学研究、观光旅游、科普科考为一体的多功能旅游景区。

鸡足山具有明显的立体气候和植被垂直分布的特点，主峰天柱峰海拔为3248米，分为干热河谷气候、温暖湿润山地气候与温凉潮湿亚高山气候。

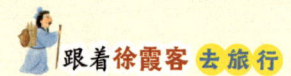

# 宾川"寻宝记"

"宾川"这个地名最早出现于明代，当时为宾川州，1913年改为宾川县。1950年1月1日，宾川县人民政府成立，属大理行政公署，即今大理白族自治州。在这个古老的地方，我们能找到什么宝贝呢，快来一起去看看吧。

## ❶ 寺前村

寺前村在鸡足山麓，背依九莲寺名刹，是上鸡足山的必经之地，原名凤尾村，因其背靠鸡足山中爪凤凰山尾部而得名。

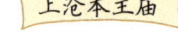
上沧本主庙

力角岩涧桥

白族舞蹈

## ❷ 白羊村新石器时代遗址

该遗址位于宾川县城北1千米、白羊村西500米处的桑园河东岸，是4000多年前先民们的生活遗迹。

华夏第一佛山——鸡足山

### ❸ 州城钟鼓楼

此楼位于宾川县城南12千米的州城镇中心。始建于1924年,也被称为宾兴楼,为三重檐攒尖顶亭阁式建筑,街道直接从楼下穿过。

平川狮灯

酱汁鸭

海稍鱼

### ❹ 佛塔寺

佛塔寺,也叫尊圣塔院,寺中建有尊圣塔,塔身洁白似玉。每当中秋月满,明月挂于塔尖,这便是鸡足山八景之一的"塔院秋月"。

### ❺ 迦叶殿

迦叶殿,亦名袈裟殿,位于鸡足山天柱峰半山腰东面。它在鸡足山众多庙宇里地位极高,被称为"山中第一寺""山中诸寺之祖庭"。

**后序**

## 墨香浸山河：霞客精神永留存

在历史的漫漫长卷中，总有一些名字，如璀璨星辰，照亮了人类探索的征程。徐霞客，无疑是其中一颗极为耀眼的星辰，他以非凡的勇气和执着，用脚步丈量大地，用笔墨书写传奇，留下了这部光照千秋的《徐霞客游记》。

当我们翻开这部游记，仿佛踏入了一个跨越时空的奇幻世界。徐霞客从江南的温婉水乡启程，那里的小桥流水、粉墙黛瓦，孕育了他细腻的情感与敏锐的观察力。他并未沉溺于这温柔乡，而是毅然背上行囊，向着未知的远方进发。一路之上，山川地貌如同一幅幅雄浑壮阔的画卷，在他眼前徐徐展开。他攀登过巍峨的高山，那陡峭的峰峦、嶙峋的怪石，在他笔下栩栩如生。他探寻过幽深的峡谷，湍急的溪流、神秘的溶洞，都被他一一记录在册。在他的笔下，自然不再是简单的山水罗列，而是有着灵魂与情感的存在。每一座山峰的起伏，每一条河流的奔腾，都仿佛在诉说着岁月的沧桑与自然的伟大。

然而，《徐霞客游记》的价值远不止于对自然景观的描绘。徐霞客在游历过程中，深入民间，与不同地域、不同阶层的人们交流。他记录下了各地的风土人情、民俗文化，从少数民族独特的服饰、奇异的节日庆典，到普通百姓的生活日常，都在他的笔下得以呈现。这些文字，宛如

一部生动的社会百科全书,让我们得以窥见那个时代丰富多彩的社会风貌,感受到不同文化之间的碰撞与交融。

更令人动容的,是徐霞客身上所体现出的探索精神与坚韧意志。在那个交通不便、信息闭塞的年代,他独自一人,经过惊涛拍岸的河流,跋涉在荆棘丛生的山林,面对未知的危险与艰难,从未有过丝毫退缩。他以对世界的热爱和对真理的执着追求,克服了重重困难,将自己的所见所闻、所思所感,毫无保留地呈现给后人。这种精神,如同一座灯塔,照亮了无数后来者探索世界的道路。

如今,我们生活在一个科技高度发达的时代,足不出户便能领略世界各地的风光。但徐霞客的万里游记,依然有着不可替代的价值。它让我们重新审视人与自然的关系,提醒我们在追求物质进步的同时,不要忘记对自然的敬畏与热爱。它激励着我们,无论身处何时何地,都要保持一颗探索的心,勇于挑战未知,去追寻生命的真谛。

当我们合上《徐霞客游记》这本书,心中一定久久不能平静。徐霞客的身影,仿佛穿越了时空,依然在那辽阔的大地上坚定地前行。他的故事,他的精神,将永远铭刻在人类文明的史册上,激励着一代又一代的人,去探索那无尽的远方,去书写属于自己的传奇。而这部游记,也将如同陈酿的美酒,随着时间的推移,愈发香醇,散发着永恒的魅力。

## 内 容 提 要

本书以《徐霞客游记》为蓝本,从27篇游记里择取27处地点,精选精彩片段进行二次创作,并融入各地文旅资源,打造成适合孩子阅读的地理启蒙读物。

本书从徐霞客首篇日记《天台山游记》切入,带读者跨越数百年,跟随徐霞客漫步天台山,开启台州寻宝之旅。每篇游记都会这样徐徐展开,仿佛徐霞客就跃然纸上,各地美食、趣玩、胜景,一一在读者眼前延展。

"读万卷书,行万里路。"本书堪称地方文旅主题佳作,既为广大中小学生提供写作素材,又助其拓宽视野、增长见识。

### 图书在版编目（CIP）数据

跟着徐霞客去旅行. 3，寻迹西南秘境 / 梅芬芬，王焱编著. -- 北京：航空工业出版社，2025.6. -- ISBN 978-7-5165-4152-4

I. K92-49

中国国家版本馆CIP数据核字第20257C7L62号

**跟着徐霞客去旅行·③寻迹西南秘境**
Genzhe Xuxiake QuLüxing · ③ Xunji Xinan Mijing

航空工业出版社出版发行
（北京市朝阳区京顺路5号曙光大厦C座四层　100028）
发行部电话：010-85672688　010-85672689　　读者服务热线：010-85672635
唐山楠萍印务有限公司印刷　　　　　　　　　全国各地新华书店经售
2025年6月第1版　　　　　　　　　　　　　　2025年6月第1次印刷
开本：710×1000　1/16　　　　　　　　　　　 字数：60千字
印张：6　　　　　　　　　　　　　　　　　　定价：128.00元（全3册）